经典量能

一周通

（第二版）

领驭股价的 **7** 种经典量能形态

励佰专业理财机构　著

底部第一起涨点信号

打消能否继续上涨的疑虑

最快速度逃离第一起跌点

超级短线高手的入门必修课程

快速精通股价涨跌的量能玄机

最简单、最有效、最直接

经济管理出版社

ECONOMY & MANAGEMENT PUBLISHING HOUSE

图书在版编目（CIP）数据

经典量能一周通/励佰专业理财机构著. —2 版. —北京：经济管理出版社，2016.4
ISBN 978-7-5096-4296-2

Ⅰ. ①经…　Ⅱ. ①励…　Ⅲ. ①股票投资—基本知识　Ⅳ. ①F830.91

中国版本图书馆 CIP 数据核字（2016）第 051900 号

组稿编辑：勇　生
责任编辑：勇　生
责任印制：杨国强
责任校对：陈　颖

出版发行：经济管理出版社
　　　　　（北京市海淀区北蜂窝 8 号中雅大厦 A 座 11 层　100038）
网　　址：www. E-mp. com. cn
电　　话：(010) 51915602
印　　刷：三河市延风印装有限公司
经　　销：新华书店
开　　本：720mm×1000mm/16
印　　张：10
字　　数：163 千字
版　　次：2016 年 5 月第 2 版　2016 年 5 月第 1 次印刷
书　　号：ISBN 978-7-5096-4296-2
定　　价：38.00 元

前言 飓风起于青萍之末，成交量是风向标

　　股民向来都很轻视成交量，原因有很多。首先，关于成交量的既有研究很少，大家也没法通过观察成交量来预测股价未来的走向；其次，成交量似乎与股民的盈亏没有直接关系。市面上关于股票操作的书大都以股价分析为主，K线形态、价格形态和价格技术指标成了主要内容。绝大多数股民看的就是这些书，相应的是绝大多数股民都在亏损，这足以引起我们的深思。当然，我们这里不是说这些主流的技术分析方法没有用，而是应该反思我们的分析是否存在盲点。

　　就股票技术分析而言，最主要的数据来源是价格和成交量。两种数据是最为独立的，当然也不可能完全独立，因为价格会引导成交量，而成交量会推动价格。现在股票分析技术主要以价格作为数据基础，在此基础上进行不同程度的加工，简单的加工就是K线图和均线；复杂的加工就是诸如MACD和KDJ等指标。除了机构交易者之外，散户股民往往沉迷于各种以价格为基础的技术指标，但是这个市场中的赢家往往却是机构交易者。机构交易者分为投资和投机两种基本类型，投资不是我们这里介绍的对象，所以我们重点介绍投机型机构。投机型机构主要是私募基金，他们的特点是博取价差，要做到这点就必须关注散户的心理和动向，同时误导散户。洞悉散户心理的主要工具是成交量，而误导散户的主要工具则是以价格为基础的技术指标。由此看来，我们要想"去伪存真"就必须牢牢把握成交量这一强大的工具。

　　那么，如何去掌握和运用成交量这一强大的工具呢？比较扎实的学习方法是亲自动手寻找成交量和股价之间的相关性，这个需要大家自己酌情进行。比较快捷的方法则是将股价或者大盘指数分为四个阶段：顶部阶段、下跌阶段、底部阶段和上涨阶段，然后分析成交量在这四个阶段的特征。有一句较为通俗

的股谚"天量见顶，地量见底"。其实，对于个股而言这句话可能正确，对于大盘指数而言就不太准确了。本书主要围绕股价（大盘指数）运行的每个阶段的成交量特征展开，把握了这些特征才能更好地把握股价本身的运行状态。另外，一些技术指标虽然不属于成交量指标，但仍属于"量能"这个大范围，特别是三种技术指标量能模式具有很强的行情指引能力：第一种是背离模式；第二种是双交叉模式；第三种是回归中线模式。一般而言，股民可以将成交量与这三种模式结合进行股价走势研判，这样的综合判断模式可以取得很好的效果。

股价四个阶段的成交量特征结合三大量能模式，大家每天学习一种结合模式，牢记其特征，然后在历史走势上多加揣摩，最后运用于实际操作。这里需要牢记几句话：第一，股票市场中绝不存在永远正确和绝对正确的真理，很多人看见一种理论就认为是普遍真理，股市中没有放之四海而皆准的理论，更没有永不出错的技术分析手段，亏损在股市中是常态，完全排除亏损只能远离股市。第二，任何理论不经过实际就盲目套用是愚蠢的做法，拿到一种方法应该首先搞清楚这套方法可以运用的环境、得以成立的前提，如果搞不清楚这套方法的局限性就贸然运用必然亏得糊里糊涂的。第三，要想成为短线炒股高手就必须注重成交量的研习，读懂成交量才能真正成为个股高手。形态和技术指标只是方便大家登堂入室的手段，而终极短线股民依靠的是K线和成交量，当然分时成交状况也非常重要。所以这套教材中关于K线和成交量以及分时走势的部分应该重点看一下，其他的做一些基本了解即可。

想要成为一个短线赢家，停留在行情分析上，对于个股走势和大盘走向的分析只是一个开始，在这之后的则是资金管理。资金管理不仅包括用多少资金，还包括哪里进场和出场。出场往往为大家所忽视，特别是散户股民，大家都忙着寻找"要上涨的股票"，但是，在乎哪里卖出的股民没有几个。短线赢家不仅仅要知道买什么，还要知道在哪里买，更为重要的是知道在哪里卖！

目　录

星期一　经典量能策略基础之一：顶背离和底背离

第一节　MACD 顶背离

　　MACD 是由移动平均线演化而来的指标，准确地讲是由移动平均线组演化而来的指标，这个指标在股票市场被广泛使用，基本上做股票的散户没有不知道的。但是，很少有股民能够把这个指标用得恰到好处。绝大多数股民都利用 MACD 的金叉和死叉信号，其实这个信号的效率并不高：在强劲的牛市或者熊市中，这个指标的交叉信号非常可靠，一旦遇到震荡行情，虚假信号就很多。MACD 的最佳用法是与股价结合起来分析背离，因为 MACD 背离信号的效率非常高。背离是本书重点介绍的三种量能模式之一，也是意义最重要的一种模式，因为背离可以帮助我们规避最大的风险，同时帮助我们把握最大的机会。背离有很多种，比如成交量与股价的背离、技术指标与股价的背离等。MACD 与股价的背离属于技术指标与股价背离的一种，大家掌握了这个指标与股价的背离，也可以推广到其他指标上。

　　我们首先介绍 MACD 顶背离。背离在指数上比个股上更好用一些，在大盘股上比小盘股上更好用一些，顶背离也是如此。所谓 MACD 顶背离是指股价（指数）有两个临近的阶段性高点，最近一个高点更高，也就是股价曲折往上走，而相应的 MACD 线则往下走，具体而言就是相应的两个阶段性高点越来越低。股价越来越高，MACD 越来越低，这表明股价上涨的量能不足，后市构筑顶部的可能性很大。但是，这里需要注意另外一个问题，就是股价会不会在顶背离形成之后跌破两个阶段高点的谷底，只要股价不跌破这个谷底，则上升趋势应该还没有结束。大盘指数和个股有时候会多重背离，最常见的三重背离，也就是股价三个阶段性高点越来越高，而相应的 MACD 阶段性高点却越来越低。下面我们结合具体的实例来介绍 MACD 顶背离，从这些具体的实例中找到一些"盘感"，慢慢地就可以将纸面上的理论用到实践中，从亏损到盈利也是一个很快的过程，前提是你得用心去做。

如图 1-1 所示，上证指数从 2372 附近低点逐步上涨，最近几个交易日阴线较大，结合我们在《经典 K 线一周通》介绍的 K 线策略可以发现这是空头力量增强的标志。到目前为止，MACD 线一直在零轴之上运行。最近股价出现了两个顶部，像是不太标准的双顶，目前股价在颈线之上。严格来讲，两个顶逐步上升，而相应的 MACD 则是逐步走低，这是典型的 MACD 顶背离。指数高点上移，但是 MACD 线却往下走，这就好比一个人在开车，总里程在增加，但是由于马力不足，速度是在下降的，这样当然不会开得太远。MACD 是两条均线差值，表征了指数上涨速率，这根线走低表明上涨速率在下降，后市继续上涨的动能显著不足。指数出现顶背离之后，我们有三种选择：第一种选择是清仓；

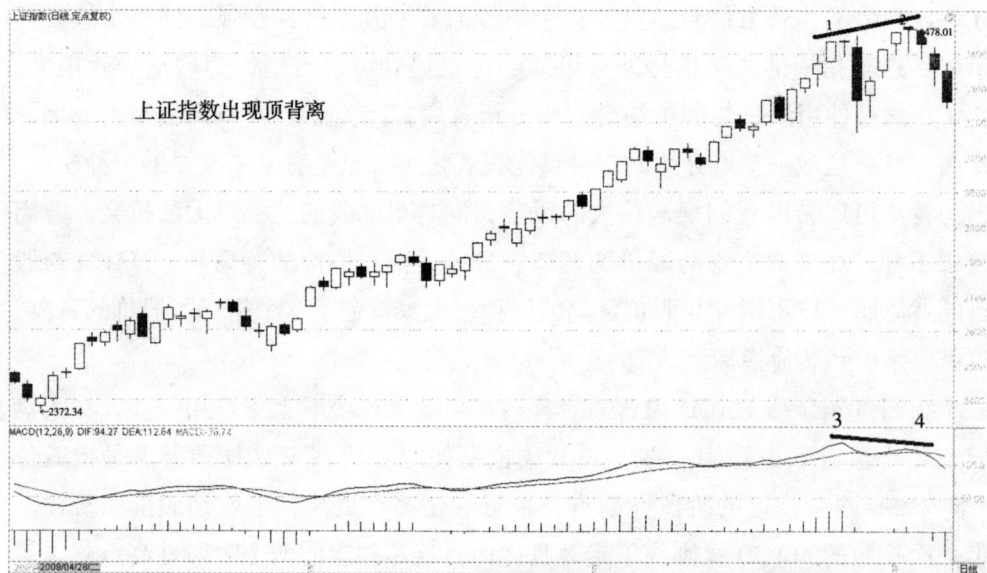

图 1-1　上证指数出现顶背离

第二种是了结一半的仓位；第三种是等待指数（股价）进一步下跌来确认顶部。比较稳妥的做法是第二种，当然如果你是谨慎的股民，风险承担意愿较低，则可以选择第一种，一有"风吹草动"就快速收手，从市场中撤出来。

　　如图 1-2 所示，上证指数出现了 MACD 顶背离之后，股价快速跌破两个阶段性高点之间的谷底，之后继续下跌，下跌角度远远大于上涨角度。相同幅度的下跌较此前相同幅度的上涨花了更少的时间，可见跌势有多么凶猛。上证指数出现背离之后，股价就从第二个顶快速下落，除了顶背离可以提醒我们顶部来临之外，这个顶的"黄昏之星"形态也给了股民一个出逃的信号。关于什么是"黄昏之星"形态可以参考我们入门教材中的另外一本《经典 K 线一周通》。从这个例子可以发现，股价和指数并不仅仅通过一个维度向我们发出信息。作为股民可以从几个不同的角度得到相同的信息，这样就能将技术信号相互验证，从而过滤掉那些可靠性不太好的信号，以及某种程度上的虚假信号。

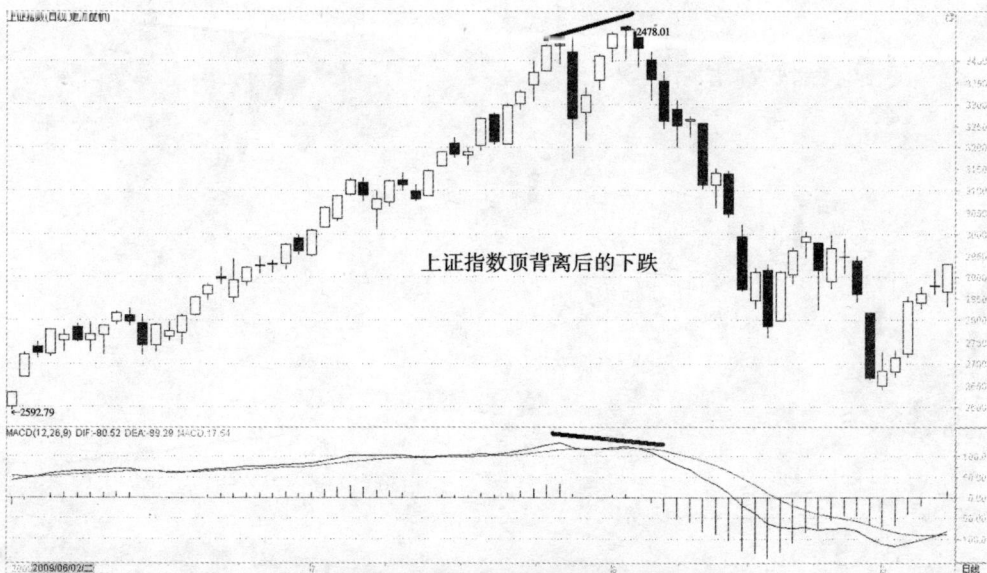

图 1-2　上证指数顶背离后的下跌

第二个 MACD 顶背离的实例，如图 1-3 所示。深证成指从万点大关慢慢上涨到目前的位置，股指的高点基本处在一根斜线上，股指的低点基本也处在一根斜线上，相当于股指目前处在一个上升通道中。按照传统的技术分析来看，目前股指并没有任何构筑顶部的信息。但是，如果你对顶背离已经有所认识，那么就会发现最近股指两个阶段性高点与相应的 MACD 线高点是典型的顶背离。顶背离的出现是警示股民顶部的来临，除此之外还有一些其他的顶部信号。最近一段时间阴线较大，而且最近一个阶段性高点似乎是圆弧顶。更为重要的一个信息是最近四个交易日的 K 线是逐步变大的阴线，表明空头的力量在逐步增强。如果你再进一步仔细看的话，你会发现顶 "1" 处也有一些经典看跌 K 线形态，比如 "看跌吞没"，顶 "2" 处也是一样的。在 "4" 处 MACD 快慢线形成了高位死叉，这又是一个看跌信号。综合这么多看跌信号，足以抵消此前那一条看多信号。稍微清醒一点的股民都会在这个时候清仓，以便迎接市场很可能的下跌。

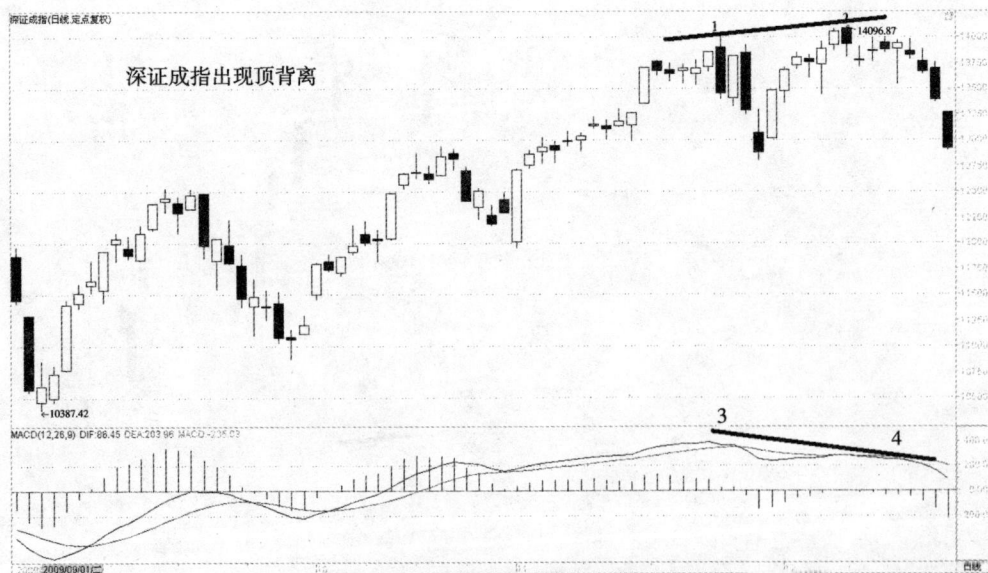

图 1-3　深证成指出现顶背离

深证成指出现顶背离之后，如图 1-4 所示，股指在形成 MACD 顶背离后有一波短促的跌势，但是很快出现反弹。反弹并没有超过此前的高点，出现"看跌吞没"之后，股指快速下挫，形成一波显著的下跌走势，一直跌到 11714 点附近。这里告诉大家一个甄别指数趋势的方法，当然这个方法在个股上并不太有效，特别是那些小盘股。但是这个趋势甄别策略在股指上特别好用，可以帮助你先于股评家作出更有效的市场方向判断。我们简单讲一下这个方法：当反弹低于前期高点就拐头向下时，趋势向下；当回调高于此前的低点就掉头向上时，趋势向上。这个趋势甄别策略很简单，用在股指上的确是非常有效的。

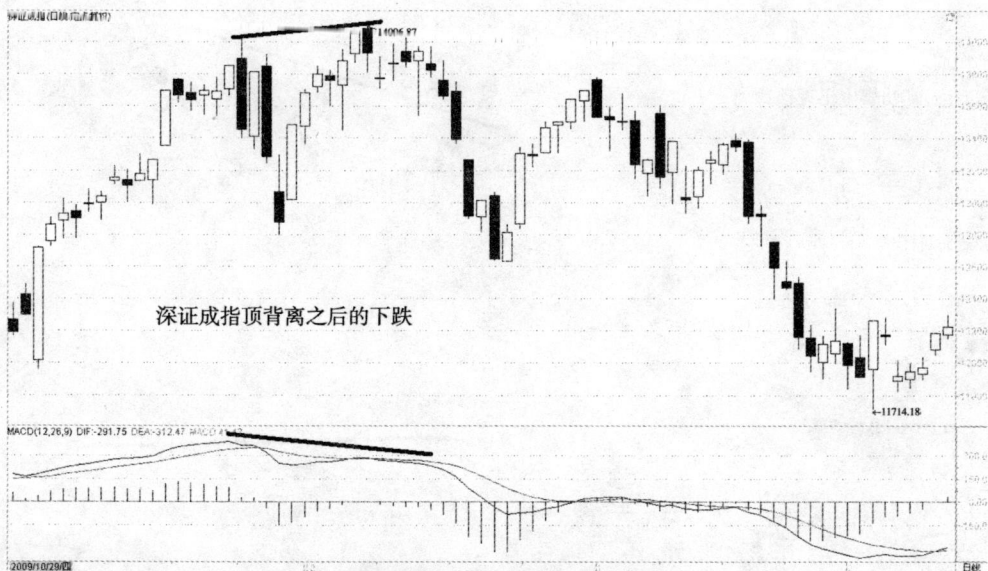

深证成指顶背离之后的下跌

图 1-4 深证成指顶背离后的下跌

通过前面两个股指 MACD 顶背离的例子，知道了如何规避系统性风险，现在我们讲具体个股上如何利用 MACD 顶背离来避免价格风险。如图 1-5 所示，是郑州煤电的日 K 线走势。股价从 7.68 元的水平逐步上涨，涨到 10.5 元附近出现一波回调，回调低点并没有跌破前跌点，这就确认了趋势向上。此后股价连续创出新高，最近两个阶段性高点我们标记为 1 和 2，可以看到 2 顶高于 1 顶，这表明股价继续上涨，创出新高。按照传统的技术分析，我们会认为股价趋势还是往上的，这时候股民就忽视了量能变化，也就是说我们虽然看见股价还在往上走，但是却没有注意到股价上升速度在下降。股价上升速度下降从什么地方可以看出来呢？从下面 MACD 线的走势可以得出上述结论。MACD 线高点 3 对应着股价高点 1，MACD 线高点 4 对应着股价 2，2 点高于 1 点，但是 4 点却低于 3 点，这表明股价虽然在继续上涨，但是动能却衰竭了。综合这些来考虑，我们认为郑州煤电后市转而下跌的可能性更大。

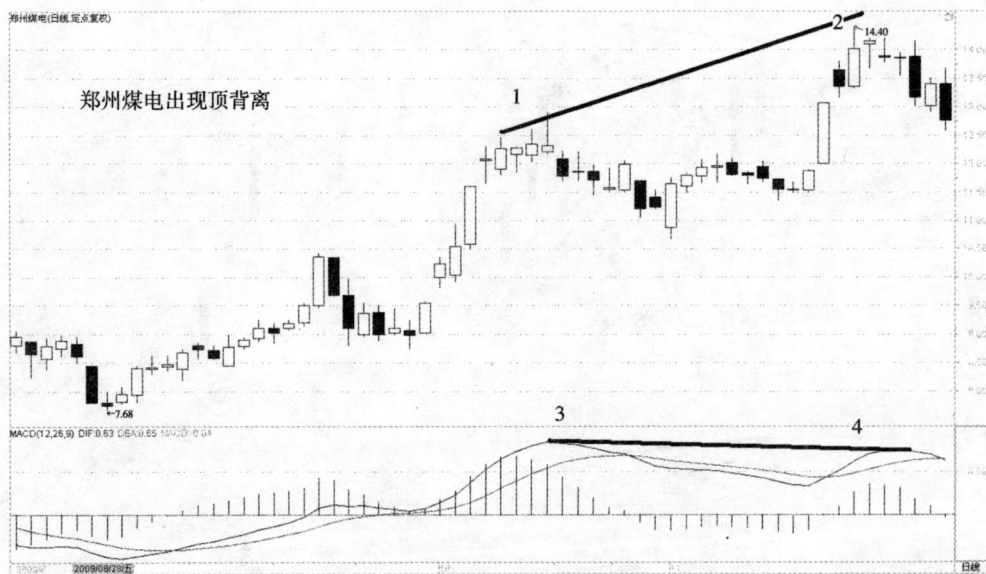

图 1-5　郑州煤电出现顶背离

　　郑州煤电出现 MACD 顶背离之后走势如何呢？如图 1-6 所示，郑州煤电冲高到 14.40 元后股价基本就在此价位下宽幅震荡，每当股价回升到这一位置就会出现沉重的抛压。何以见得呢？可以看到每次股价回升到 14 元附近就会出现看跌 K 线形态比如长脚纺锤线、看跌吞没、长上影线 K 线以及黄昏之星等。单单从这些经典 K 线组合来看，我们就会发现股价很难恢复上涨，但是由于下方套牢盘众多，所以股价继续下行的动力一时还不具备，股价因而震荡了好久才逐步下跌。很多时候我们想要通过简单的 K 线去预测顶部，但这种做法风险太高，因为 K 线是局部信号，而顶部是牵涉全局的信号。当看空 K 线出现时表明一个下跌可能开始，这个下跌可能仅仅是回调，但也有可能是真正下跌趋势的开始。

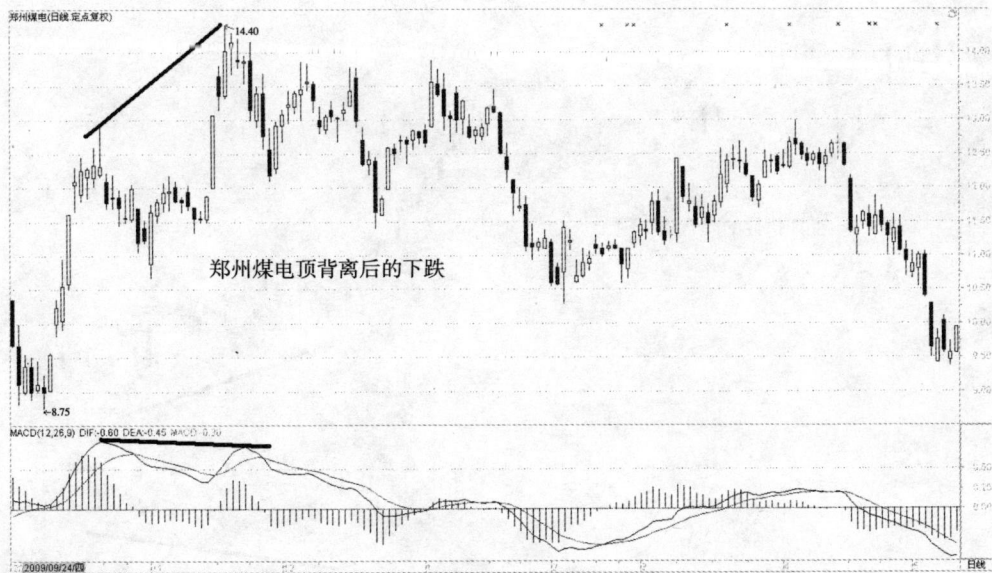

图 1-6　郑州煤电顶背离后的下跌

第二节　MACD底背离

MACD底背离与顶背离是相反的，顶背离表明顶部很可能出现，而底背离则表明底部很可能出现。底背离是指数（股价）连续出现两个阶段性低点，相应的MACD线却走高，这表明虽然还在下跌，但是下跌速度已经显著减小了，反转发生的可能性比较大。利用K线看涨来捕捉底部不太可靠，除非能够与成交量形态结合起来研判。但是，将MACD底背离用来甄别底部则是非常高效的方法。当然，最好的办法就是将K线形态、成交量形态和MACD底背离结合起来确认底部走势，这才是明智之举。如果想单靠某一项技术手段来博取市场机会，无异于痴人说梦，这点大家需要注意。下面，我们结合具体的实例来掌握MACD底背离在个股和指数走势中的运用。当然，我们这里主要从单纯利用MACD底背离技术的角度来演示，至于更加复杂的运用，大家可以参考其他几本教材的相关内容后自己融会贯通来运用。

如图1-7所示，上证指数从3306高点附近逐步下探，一直下跌到2319.74

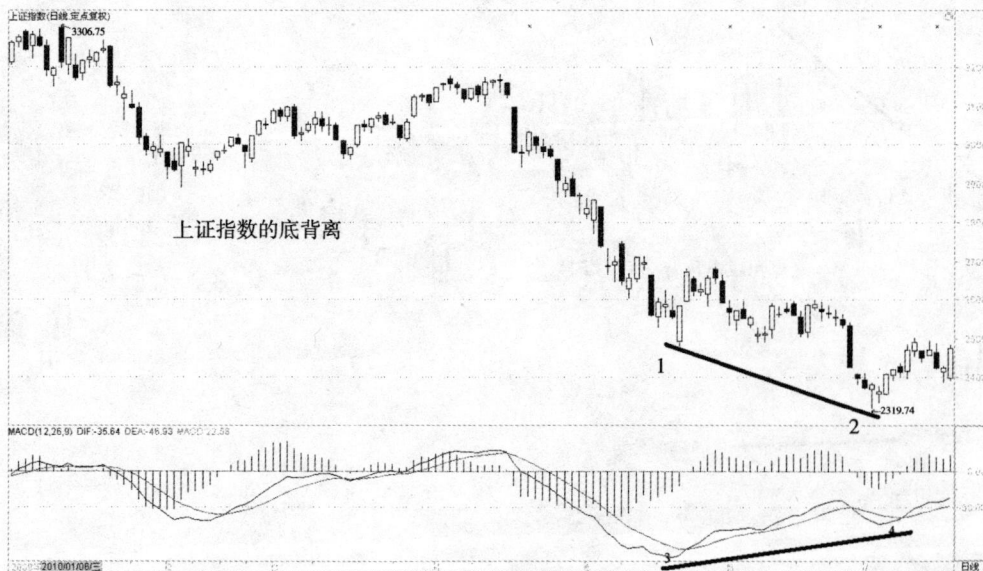

图1-7　上证指数出现底背离

点附近才有一点止跌企稳迹象。指数在最近一段时间形成了两个显著低点，分别标示为1和2。在2319点附近指数形成了锤头K线形态，也就是具有较长的下影线，此后指数迅速远离下影线显示的支撑区域，这是一个局部看多信号。我们再来看量能指标MACD的表现，相应于指数低点1的MACD线低点是3，相应于指数低点2的MACD线低点是4。低点2显著低于低点1，相应MACD线低点却是4高于3，这就是典型的MACD底背离。指数继续往下走，量能却显得不足，后市转而上涨的可能性很大。

上证指数出现MACD底背离之后表现如何呢？如图1-8所示，上证指数出现底背离之后股价转而呈现上涨走势，上涨中又一次小幅调整，以大阳线拉起，指数并没有跌破前低，反而创出上升波段的新高，这表明向上趋势基本确立。此时，指数出现了两根较大的阴线，呈现出典型的看跌吞没K线形态，恰好处于前期一个成交密集区间，解套盘较多，指数上行难度较大。明智的股民看到这个信号可以先出来观望一下，再进行抉择。如有危险信号，仓位就应该变化，变化到你能够承受的风险程度为止，如果市场已经提醒你市场风险增加了，你仍旧置之不理，这就是不明智的行为。航海要看海洋天气预报，如果天气预报告诉你航行海域有热带风暴，你仍旧置若罔闻，这就是愚蠢的行为。不过股票

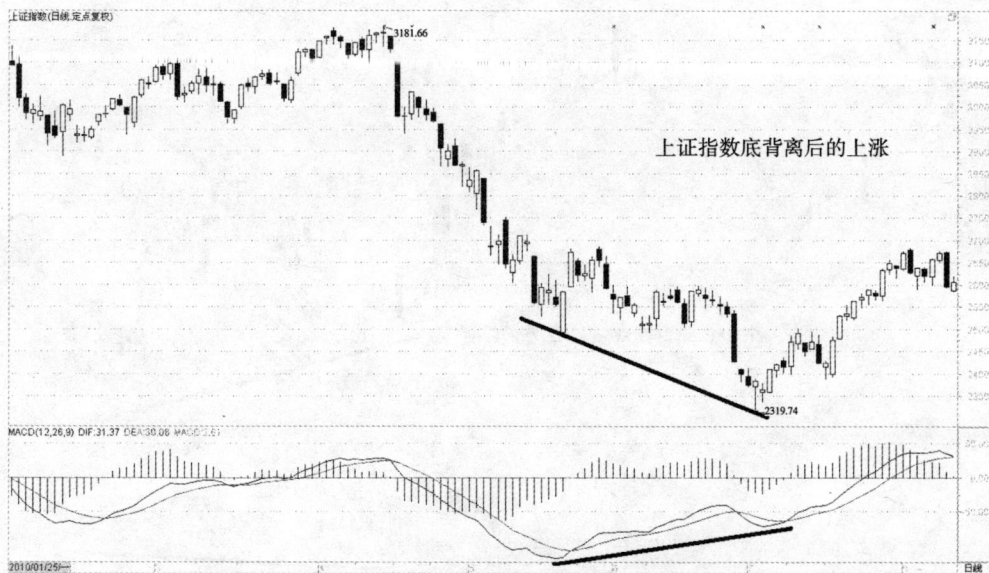

图1-8 上证指数底背离后的上涨

市场上愚蠢的家伙并不少见，因为人们倾向于抱着一种侥幸的态度，而这正是炒股输多赢少的主要原因。

如图 1-9 所示，中小板综合指数从 6625.73 点下跌，到点 1 处展开反弹，反弹到下跌波段的一半后恢复跌势，形成第二波走势。第二波走势似乎发力于一个头肩顶形态，严格来讲是下跌中继形态。这波下跌在 4893 点附近遇到支撑，K 线在点 2 附近形成锤头形态，下影线很长，这就确认了下档的强劲支撑。两波下跌走势形成了阶段性低点 1 和阶段性低点 2，相应的 MACD 线则出现了阶段性低点 3 和点 4。指数走势中的点 2 低于点 1，这表明指数继续走低，相应的 MACD 走势中低点 4 却高于低点 3，这表明空头量能在显著减弱，下行动力不足，后市继续下跌的可能性很小，转而上攻的可能性增加。点 1 到点 2 的走势明显与点 3 到点 4 的走势背离，这就是典型的底部背离，股指后市上涨的可能性比较大。我们这里将长下影 K 线与 MACD 底背离综合起来研判就能得出更加可靠的结论。

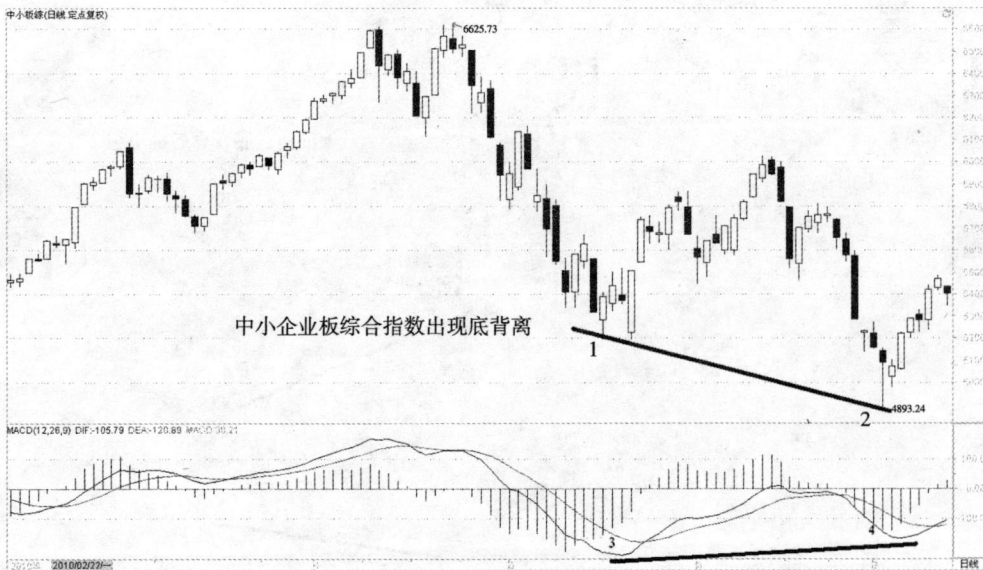

图 1-9　中小企业板综合指数出现底背离

中小板综合指数出现 MACD 底部背离之后表现如何呢？如图 1-10 所示，股指从锤头 K 线标识的低点处一路上行，上升角度呈现 45°，这表明上行趋势稳固，后续能量充足。如果上行角度小于 45°，则表明现在的上行能量并不充足；如果上行角度大于 45°，则表明未来的上行能量并不充足。在江恩理论中这个推论经常被用到，短线股民应该对此有所掌握，以便在判断上升走势的未来可持续性方面有更可靠的表现。此时股价接近前期高点，开始出现较大的阴线，MACD 也出现高位死叉，这些都是卖压增加的信号，中短期内上涨空间应该不大。而且最近一段时间出现了一个不标准的复合黄昏之星，其中星体部分由三根小 K 线组成，这也是一个看跌信号。关于复合黄昏之星的问题，大家可以翻阅《经典 K 线一周通》一书的相关章节作进一步的了解。

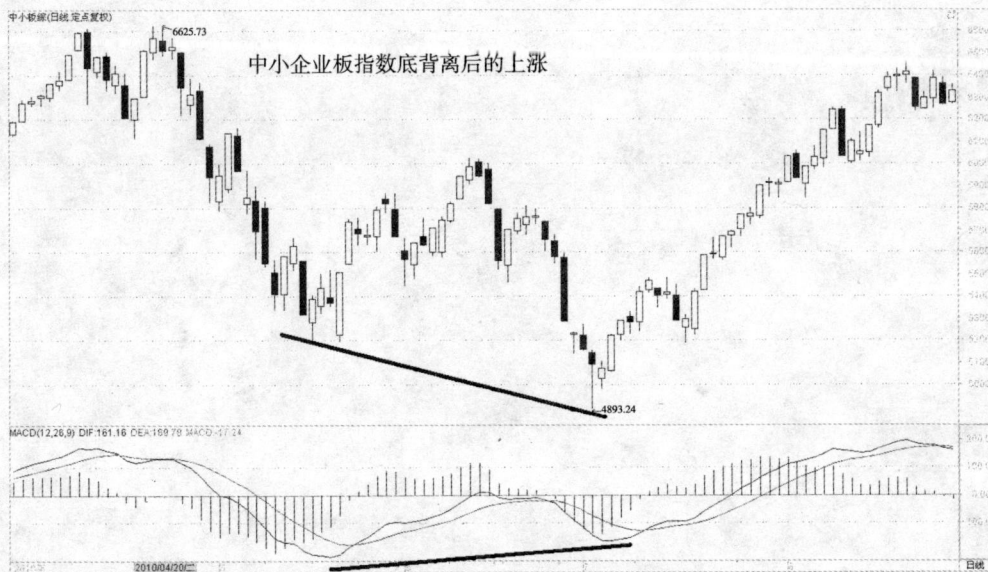

中小企业板指数底背离后的上涨

图 1-10　中小企业板指数底背离后的上涨

前面两个例子都涉及大盘指数走势，下面我们介绍个股走势中如何利用MACD底背离进行趋势判断。如图 1-11 所示，这是三普药业的走势。股价在高位震荡很长一段时间，显示了当时市场参与的大众对此股还抱有一些信心。在横盘整理的末期，股价开始紧贴震荡区间下边界运行，然后就是快速跌破此整理区间，这时候不少股民还抱有希望，他们仍旧沉浸在股价呈现震荡走势的幻觉中，所以这种快速杀跌往往会使他们深度套牢。股价下跌过程中形成了两个阶段性低点，点 1 和点 2，中间夹着一波"一日游"反弹。MACD 线对应点 1 的是点 3，对应点 2 的是点 4。显然，点 2 低于点 1，而点 4 高于点 3，股价往下走，但下降动能在减弱，后市反转的可能性很大，这就是典型的底部背离。在10.83 元这个低点附近，股价出现了看涨吞没，也就是一根阳线吃掉了一根阴线，这也是一个局部看涨信号。综合 MACD 底部背离信号和看涨吞没信号，股价后市转而上涨的可能性很大。

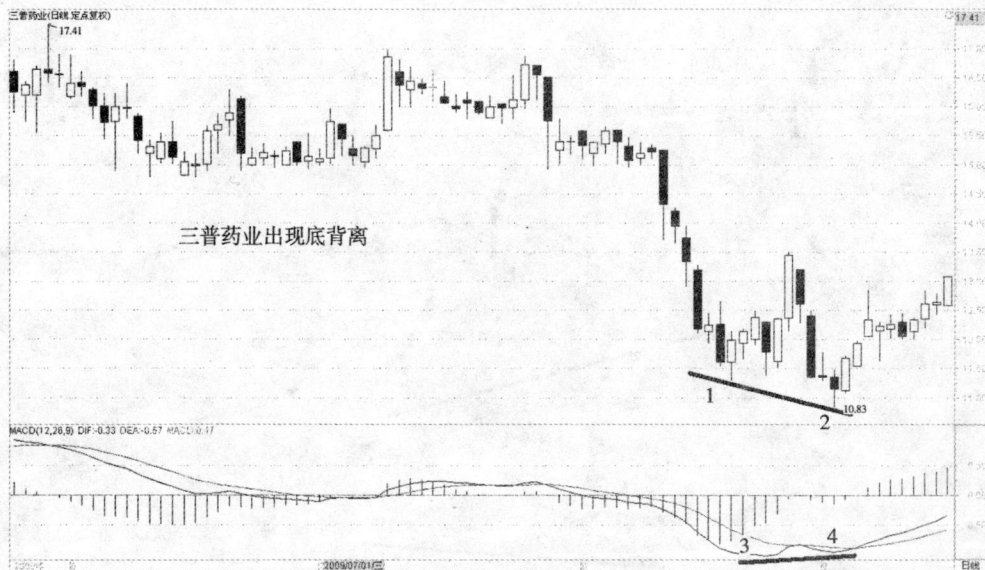

图 1-11　三普药业出现底背离

三普药业出现 MACD 底部背离之后，股价展开了一波强劲的上涨走势，此时股价上涨经历了两次较为充分的调整，调整的底部可以看到标准的早晨之星和不标准的早晨之星，大家可以自己找找看。如图 1-12 所示，股价快速上冲到前期震荡区间附近，目前股价并没有出现顶部特征，所以后市继续上涨的可能性还是很大的。我们在进行股价走势分析的时候，注意力基本集中在量能和 K 线形态上，有能力的股民也应该注意分时走势情况，只有将这三个方面综合起来才能规避主力的陷阱。在本例中，我们主要围绕量能形态展开分析，这也是本书的主题。当大家对量能分析熟悉以后，就应该与其他类型的分析结合起来。这里面有个过程，大家不能操之过急，但是也绝不能停留在单维度分析层面。

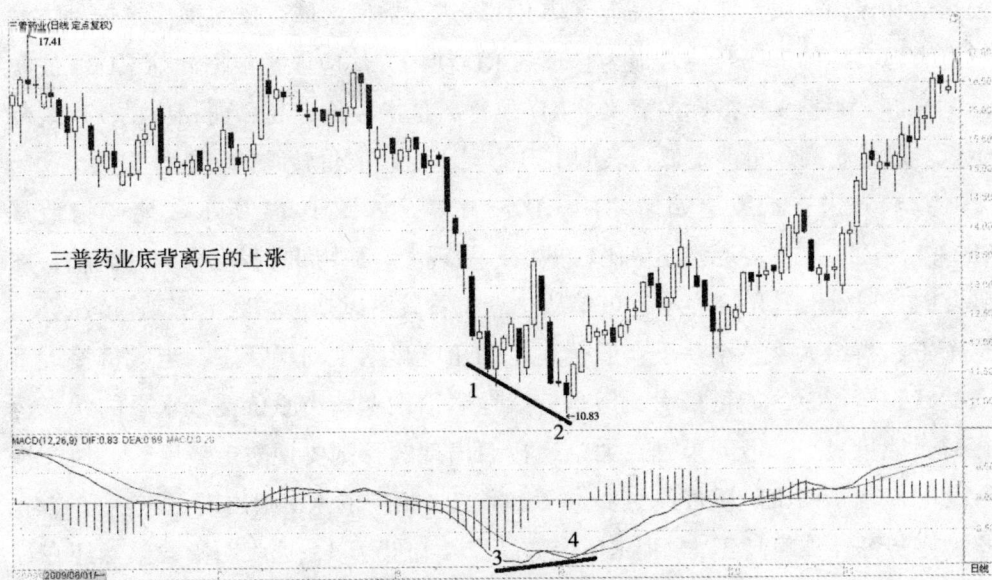

图 1-12 三普药业底背离后的上涨

第三节 KD 顶背离

指标和股价（股指）的背离并不仅仅发生在 MACD 和股价上，其他一些指标也可以运用同样的分析方法，本节和第四节我们将侧重介绍另外一种量能指标 KD 与股价出现背离的情况。KD 一般被归结为区别于 MACD 的一类指标，MACD 一般被定义为趋势指标，而 KD 则被定义为震荡指标。大家如果对这两个指标的计算方式和运用方法不是很清楚的话，可以查看我们的另外一本教材《经典指标一周通》。从量能的角度出发，震荡指标和趋势指标其实反映的是同一个东西，这就是股价（股指）运行的量能如何。很多股民都沉迷于每一种指标的计算公式和使用说明，其实这并不是关键。因为所有的指标都是基于少数几个观点设计出来的，而这几个少数的观点就是针对市场不同观点得出的。

在本节我们主要介绍 KD 顶背离，其要点与 MACD 顶背离差不多，大家可以在此后的讲解中体会。KD 是典型的震荡指标，震荡速度慢于 KDJ 指标，但是比 RSI 等要快，属于中等敏感度的震荡指标。震荡指标一般会被规定一个合理值区域和极值区域，初级股民会等待 KD 线进入极值区域，反向操作，这种方法没有考虑具体的市场环境。最为合理的 KD 使用方法应该是根据此前 KD 线波幅范围来断定目前 KD 指标的意义。KD 顶背离是指股价走高，而相应的 KD 线却走低。股价走高，量能走低，表明上升力量不足，股价转跌的可能性很大。

我们先来看指数上如何使用 KD 顶背离，如图 1-13 所示。地产指数从 2823.4 点逐步上攻，走势显得比较平稳，呈现 45°，中间有程度合理的调整，涨到此时，股价上升角度变小，单单从这点来看就可以知道指数上涨动量减弱了。这个方法再给大家总结一下：股价运行的角度显示了动量状态，当股价接近垂直的状态运行时，能量最大，但是持续性恐怕很差；当股价接近水平的状态运行时，能量最小，但如果是在大幅运行后出现的，则要预防走势反转。地产指数此时出现了两个阶段性高点：点 1 和点 2，相应的 KD 则出现了点 3 和点 4。指数走势高点 2 略高于 1，而 KD 走势高点 4 却低于 3，这表明指数虽然还在往上走，但是相应的 KD 量能指标却在往下走，上升乏力的迹象比较明显了。即使我们不将点 1 和点 2 的高点看成是一样的，动量下降的事实也是一样的。当指数维持相同水平运动的时候动量指标往下走，也表明上升速率在衰竭，指数转而向下的可能性更大，因为这时候股价本身也显出了疲态。

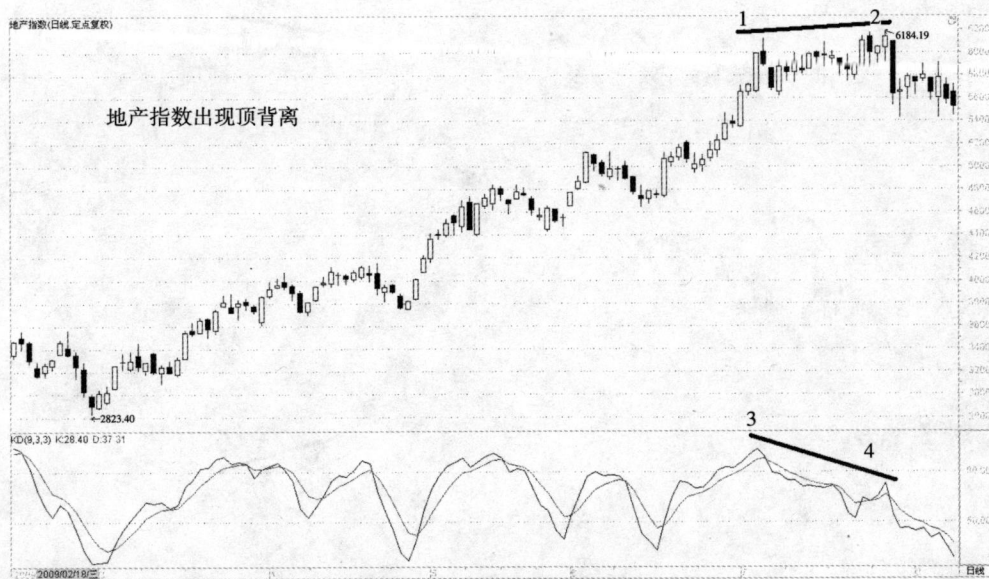

图 1-13　地产指数出现顶背离

　　地产指数出现 KD 顶背离信号后，指数开始此波上涨以来的第一次大幅度下跌，如图 1-14 所示。指数从 6184.19 点逐步下跌，一直跌到超卖区域才出现了 KD 双底形态，然后股指展开一波上涨。其实，细心的读者一定会发现 KD 指标形成小双底的时候，指数是继续下跌的，这也是一种背离，属于 KD 底背离中一种较为特殊的情况。指数继续下跌，但是 KD 线却走出了平坦的结构，这表明下跌相应的动能是不足的，后市继续下跌的可能性下降了。如果我们能够结合成交量形态分析，则可以更好地把握这段回升走势的起涨点，这些内容将在本书后面的部分介绍，希望读者能够从中得到想要吸收的东西，提高短线操作的技术水平。

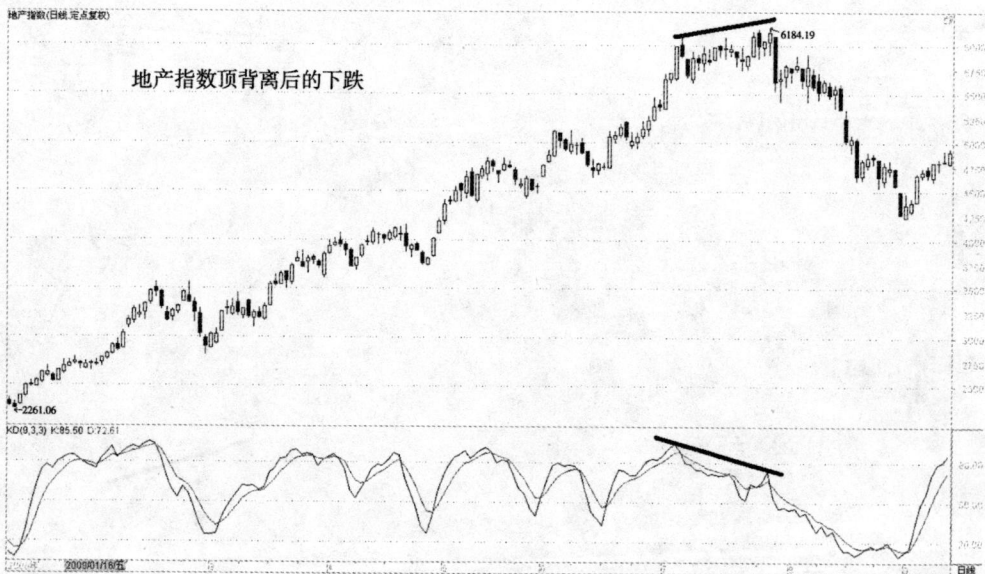

图 1-14　地产指数顶背离后的下跌

个股走势研判中利用 KD 顶背离的实例，如图 1-15 所示。这是飞亚达 A 当时的走势，股价近期的最高点是 16.78 元，此前股价还有一个阶段性高点。由于大家对于背离的形态含义已经有了一定的了解，这里我们就不准备像刚开始那样用数字标注出顶背离相应的四个点。飞亚达 A 目前虽然有三个交易日处于下跌走势，但是仍维持在上升趋势线之上，并没有破位的迹象。从股价形态上看确实如此，但是一旦你结合量能走势来看，就会发现情况并不如你所见。KD 指标出现了走低迹象，而且处于从超买区域出来的状态，结合我们此后要讲的回归中线来看，继续下跌意味很浓。KD 出现了顶背离，结合向下回归中线态势，股价下跌的可能性非常大。这里有没有什么 K 线形态发出了空头信号呢？这里没有标准的看跌吞没，没有黄昏之星，当然也没有标准的三只乌鸦。在前一高点有一个不太显著的黄昏之星，而且这个形态的作用已经发挥完毕了，当时股价确实有一段小幅回调。这里再提醒大家一句：K 线形态是局部信息，对于股价局部运动具有指导意义，K 线不能告诉你行情是调整还是反转，这个需要大家结合其他分析工具来掌握。

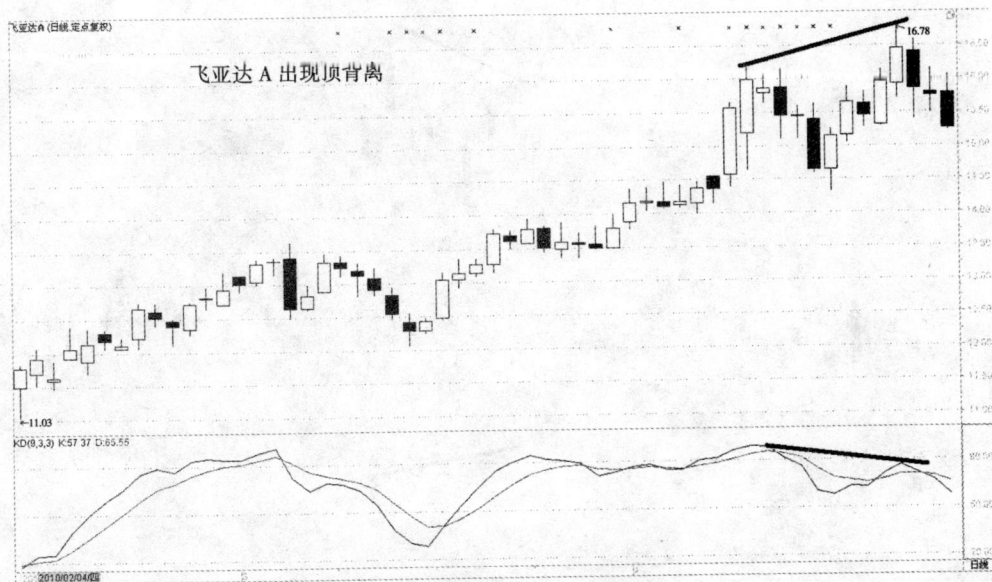

图 1-15 飞亚达 A 出现顶背离

飞亚达 A 出现 KD 顶背离之后股价有怎样的表现呢？如图 1-16 所示，股价延续从 16.78 元的跌势，跌到上涨过程中的一个低点暂时获得支撑。在下跌过程的 13.25 元出现了一个低点反弹几日后继续下跌，在 12.5 元形成两个低点，我们看 12.5 元附近第一个低点，结合 13.25 元那个低点一起看，可以看是逐步走低的，相应的 KD 线却是走高的，这就是后面专门会提到的 KD 底背离。下跌动能减弱了，所以股价在这里企稳了。我们这里还没有正式介绍 KD 底背离，不过从这个例子和前面一个例子中大家应该知道 KD 底背离大概是怎么一回事了。举一反三的能力很重要，一旦你能够从我们这几本最基本的教材入手去推演自己的技术分析体系，那么赚钱对于你来说并不是什么难事。真正的短线高手必须善于从既有的分析工具和行情走势中做到举一反三，要善于归纳，善于演绎，否则人云亦云，别人用什么工具，自己也用什么工具就比较麻烦了。

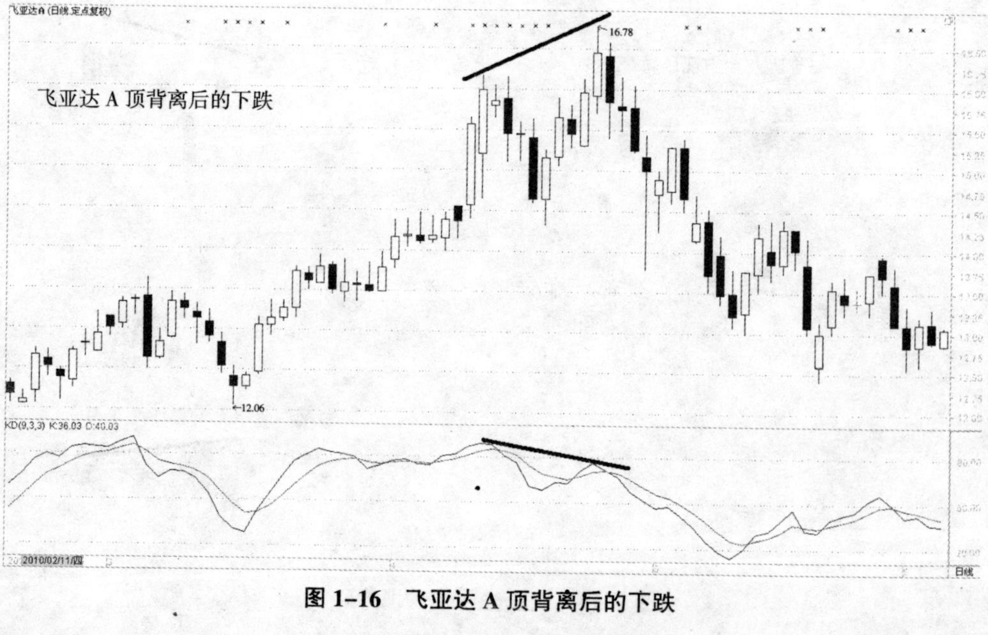

图 1-16 飞亚达 A 顶背离后的下跌

第四节　KD 底背离

KD 底背离前面我们已经见识过了，但是没有正式展开来讲，本节我们就展开来讲，希望大家用心一点，先把理论知识弄扎实，后面就好办了。以前我们这个私募基金有一个刚来的大学生，朋友介绍来的，除了一大堆关于金融学的科班内容与股市有点关系之外，其他什么都不懂。新人进来以后需要有老手培训，这个任务就落到了笔者的身上。怎么培训呢？新人什么都不知道，关于真实的市场完全是零基础，一张白纸。刚开始我还没有什么方向，不知道如何下手，后来一位做五星级酒店粤菜厨师的朋友反而提醒我：白丁其实是最好的学生。因为他什么都不懂，所以没有陈规陋习，没有偏见，对于股市运行的真相更容易理解，而不是被市场上占绝大多数的失败者所误导。很多读者可能以为我一来就让他操作真实资金，不是这样的。我个人还是认为成功的私募基金，特别是趋势跟踪型操作手法，也就是小资金的操作必须基于一定的市场分析理论。私募基金会放烟雾弹，会通过内线获取情报，会通过盘面来合理诱导散户做出自己想要的行为，这些还不够，私募操盘手必须首先读懂一只股票的走势，搞清楚这里面有没有老主力，有多少主力，现在处于什么状况，浮筹有多少，套牢盘有多少，这个东西需要结合各个渠道的信息去分析，而股价走势就是一个主要的渠道。那么，怎么教新手入门呢？从什么理论入手呢？当时我选择的是量能和K线这两个方面作为核心。当然，量能中那些底量和异常放量的K线还需要结合当时的分时走势来分析。讲技术指标的时候，我们从背离的角度去讲。后来他自己下去翻了几本技术指标的书，就来问我KD指标怎么用，我就说按照背离的方法去用最好。

一般股民都习惯于利用KD震荡指标来操作，笔者以前混迹于营业厅时，就发现基本上很多股民都喜欢看KDJ和KD等指标来寻找所谓的底部，特别是股票跌得很凶的时候，这种倾向更加明显。有一个高个子的中年男子，旁边人都叫他"蟒子"，估计是下岗后自己出来炒股的那种，因为那段时间这种股民特别多。那时候大盘处于下跌走势，前期的上涨让大家对这种下跌很不适应。这个股民就一直盯着股价的 KD 走势来看，KD 快要进入超卖区域了，他就感觉好像救命稻草来了，一旦 KD 进入超卖区域，他就大气一出，感觉如释重负，股价也往往如他预料一般止跌回升，但是往往数日之后就再度下跌，创出新低。恐怕这样过了两三个月，这个股民彻底对股市失望了，后来很长一段时间没见到他。后来笔者脱离了这个群体，所以对这个人后来的炒股绩效也就没有跟进了。从这个例子可以发现：如果按照传统的做法，当 KD 指标进入超卖区域就买入的话，在下跌趋势中会亏得一塌糊涂。根据多年的经验来看，利用 KD 指标进行背离分析失误的几率要小得多，不会让股民陷入到行情局部的走势中。

如图 1-17 是 A 股指数走势，指数在最近一段走势中形成了两个阶段性低点，相应的 KD 线也形成了两个低点。A 股指数在走低，而相应的 KD 线却在走高，这表明指数下跌的动能已经非常弱了，转而上攻的可能性非常大，这就是典型的 KD 底背离。这时候如果能够配合其他技术工具，则心理面和技术面工具分析可以做得更好。新手开始学习技术分析的时候，往往一招是一招，一式是一式，很难做到融会贯通。随着技术水平的提高便能看出行情的整体走势，这源于对技术工具使用的系统性观念。在我们培训初级操盘手的时候，新手都往往比较信赖技术指标，仿佛这些指标真的有多少科学依据在里面。其实，技术指标就是一个统计工具，其中有多少科学原理，是讲不出来的，我们只能从一

图 1-17　A 股指数出现底背离

个经验统计角度去理解。

　　如图 1-18 所示，A 股指数出现了底背离之后，股指开始出现一波较为持续的上涨，股价开始从 2431.61 点低位上涨。上涨初始阶段出现了一次调整，调整的低点高于 2431.61 点，这表明股指继续上涨的可能性很大，因为不破前低却创出上涨以来的新高表明趋势向上。最近，股指出现了看跌吞没 K 线形态，而且是在前期下跌震荡价位，这表明股指在这里受到较大的抛压：一部分来自于此前下跌的套牢盘；一部分则来自于技术性股民，因为他们估计这个地方有强阻力。技术性股民会使得某些重要技术关口出现"自我实现式"的效应，所以，在股指上不懂技术分析还真不行。

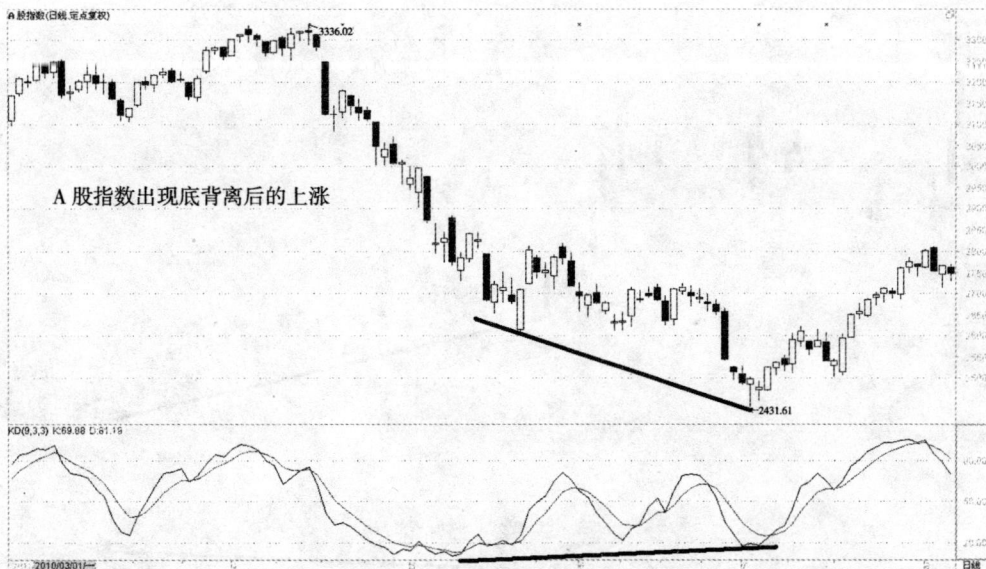

图 1-18　A 股指数底背离后的上涨

前面是对股指中 KD 底背离的研判，下面接着来看个股 KD 底背离的研判。如图 1-19 所示，深天地 A 下跌走势开始半段显得很"扭捏"，跌得不干脆，可能是有主力在护盘出货，因为此前出得不干净，所以这里制造股价要继续上涨的假象，让一些散户来接盘。等待接盘差不多完成的时候，主力也顾不得什么盘面技术形态完美与否了，直接砸下去。我们认识的一个主力操盘手，曾经谈到一种典型的散户心态：股价跌了，快速从高位杀跌，这时候散户绝大多数还沉浸在此前的牛市行情中，一遇到杀跌就失去了客观分析的能力，牛市中加入的散户基本上没有什么风险控制概念，就这样放任股价下挫，下挫到一定时候，浮筹减少很多；此时主力再吸纳一些筹码往上拉，散户一看跌不下去了，马上追进去，这样主力又把筹码扔给散户，有时候主力进货较多，所以需要维持一个较长时间的盘整局面，最终等到主力觉得无利可图的时候，快速下跌又出现了。股价跌了一段之后的震荡走势不要贸然参与，因为这种震荡走势往往是看似安全的下跌中继平台。深天地 A 后半段下跌角度基本接近 45°，这种非垂直下跌有点"温水煮青蛙"的味道，在不知不觉中散户的账户就缩水了。这段 45°下跌却对应着 KD 线的走高，这个过程持续了很长一段时间，这就是底背离。底背离刚开始出现的时候不能急迫介入，当股价走势从背离进入到同步的时候就可以介入了。

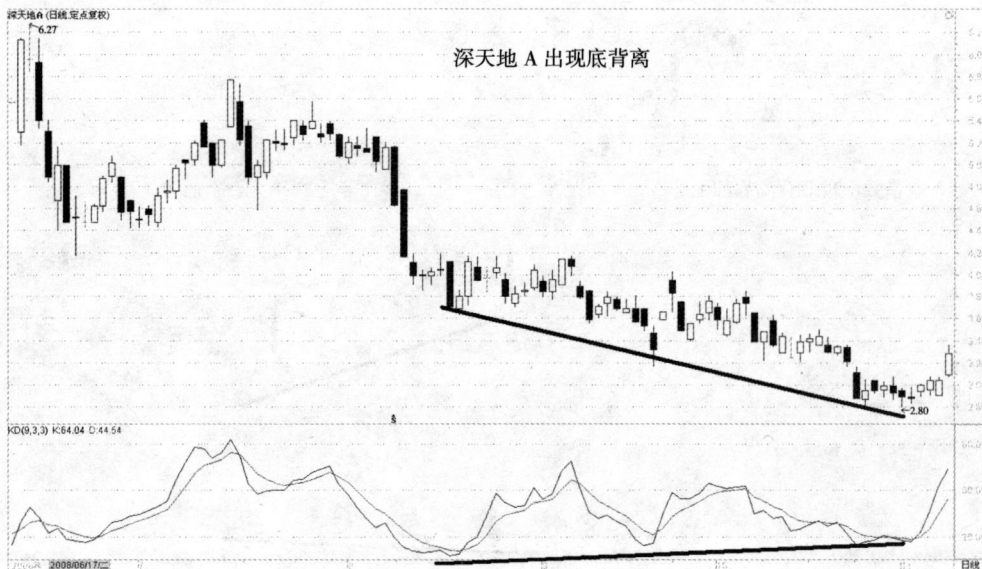

图 1-19　深天地 A 出现底背离

深天地 A 出现底背离之后，股价快速上拉了一段，如图 1-20 所示。这段上拉使得股价走势与 KD 线走势同步，这个过程就确认了此前底背离信号有效。这里其实讲到了一个怎么利用底背离的问题。看到底背离出现了并不是马上就买入，最基本的要求是，等到股价与量能指标的关系从背离进入到同向关系的那几个交易日进场买入。

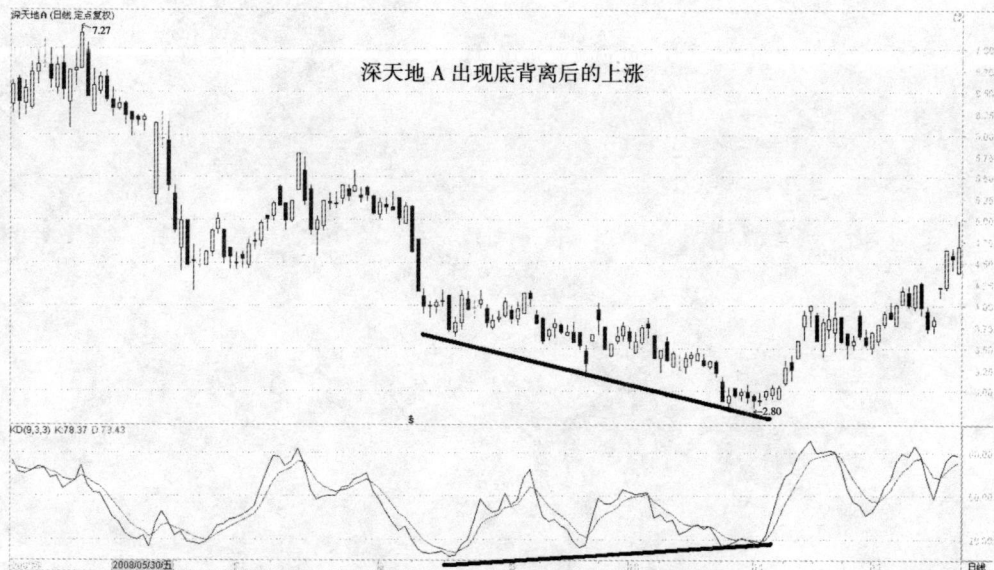

图 1-20 深天地 A 出现底背离后的上涨

星期二 经典量能策略基础之二：双交叉模式

第一节 MACD 双死叉

金叉和死叉是初级股民比较重视的技术信号，对于不清楚金叉和死叉是什么的读者，我们这里有必要做一些扼要的介绍，更加详细的说明请参考《经典指标一周通》。一般而言，技术指标现在倾向于有两条信号线：一条参数较小，对应着较短周期；一条参数较大，对应着较长周期。当参数较小的信号线向上穿越参数较大的信号线时被定义为金叉，这表明市场近期价格运动强十此前价格运动，动能升高，后市看涨；当参数小的信号线向下穿越参数较大的信号线时被定义为死叉，这表明市场近期价格运动弱于此前价格运动，动能降低，后市看跌。

但在实际操作中，单纯按照金叉和死叉的技术要领进行操作效果并不好。即使如此，仍然有很多股民根据单纯金叉和死叉进行研判和操盘。其实，近期内连续两次金叉或者死叉的效果就要好得多。我们在今天主要围绕双死叉和双金叉的问题展开。这里需要强调的一点是无论是单纯交叉还是双交叉都没有背离的研判效果好，另外在背离中往往会夹杂着双交叉，大家可以翻翻上一章介绍的实例，看看是不是背离中隐藏着双交叉。顶背离往往伴随着双死叉，底背离往往伴随着双金叉。

本小节我们主要介绍 MACD 双死叉，大家明白是怎么回事即可，一般还是以背离运用为主，不打没有太大把握的仗。如图 2-1 所示，工业指数在高位有形成双顶的迹象，仔细看第一个顶处有两根非常大的阴线，第一根阴线还形成了"看跌吞没"这种经典的 K 线形态。另外，第二顶严格来讲是低于第一顶的，这是大家需要注意的。第二顶低于第一顶，表明多头力量弱于第一顶的时候，既然多头走弱，那么趋势向下也是顺理成章的事情。这个双顶还不太完整，因为只有跌破颈线才能算双顶，不过空头力量增强是显而易见的。这里我们要强调的是在这两个高点形成的时候，相应的 MACD 线也形成了高位连续死叉，图中我们标注为 1 和 2，这点需要大家注意。MACD 线在零轴一侧形成两次死叉，这是空头动量很足的表现。一般而言，两次死叉有两种情况：一种是第二次死叉发生之前有短暂的一次死叉；另一种是第二次死叉仅仅是较短周期线向上靠近较长周期线然后拐头向下，在本例中就是第二种情况。这么多信息都给出了看跌信号，所以股民在这个时候应该是空仓或者是轻仓。

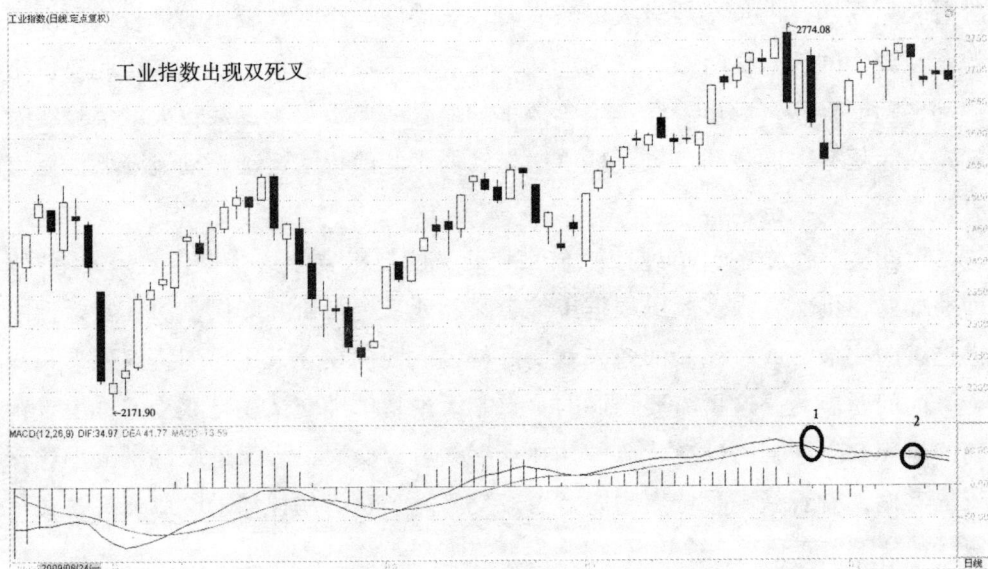

图 2-1　工业指数出现双死叉

　　工业指数出现双死叉后快速下跌，如图 2-2 所示。指数出现双死叉后下跌的概率要大于个股，个股走势稳定性较差，技术指标往往沦为主力误导散户的工具。特别是那些盘子较小的个股更是如此，大家对此要有高度的警惕。

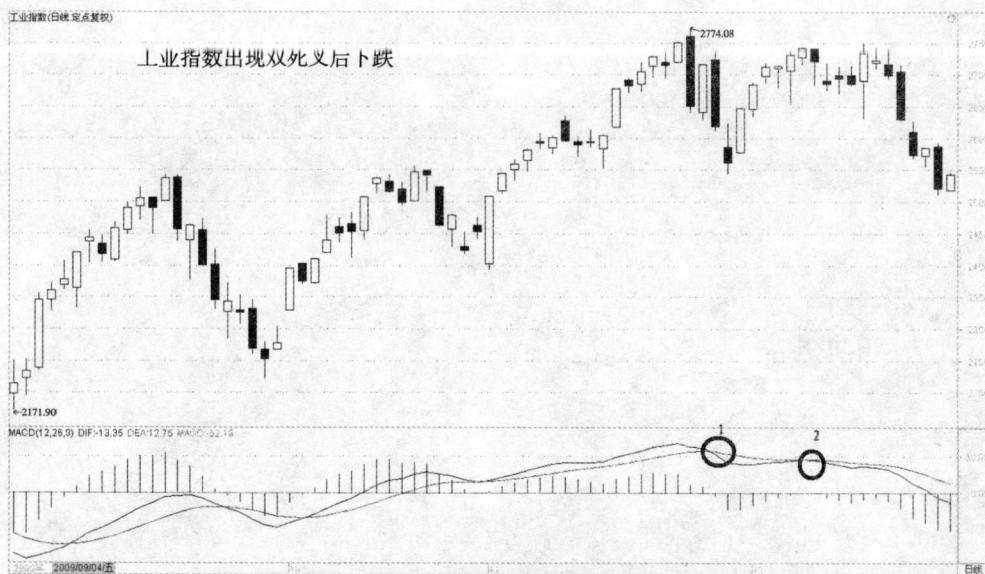

图 2-2　工业指数出现双死叉后下跌

　　下面我们来看个股利用 MACD 两次死叉的实例，如图 2-3 所示。皖通高速从 5.36 元的低点逐步爬升。第一段走势是小阴小阳，股价爬升了几天后就出现了小幅回落，形成了次低点后继续上涨，这就确认了向上走势。次低点后这波走势就是典型的主升浪，也就是所谓的第三浪。在实际操作中，有两种流派：第一种希望狙击第一起涨点，也就是第一浪；第二种流派则寄希望于主升浪起涨点，也就是第三浪。按照艾略特波浪理论，第三浪往往是幅度最大的一浪，风险报酬率非常理想。回到正题，皖通高速涨到了 8.29 元的高点，然后下调，然后再上涨，还没有达到 8.29 元的高点就出现了黄昏之星。这时候股价形成了两个高点，而且第二个高点低于第一个高点。相应的 MACD 线却出现了两次死叉，这是第三个看空信号，后市看跌。

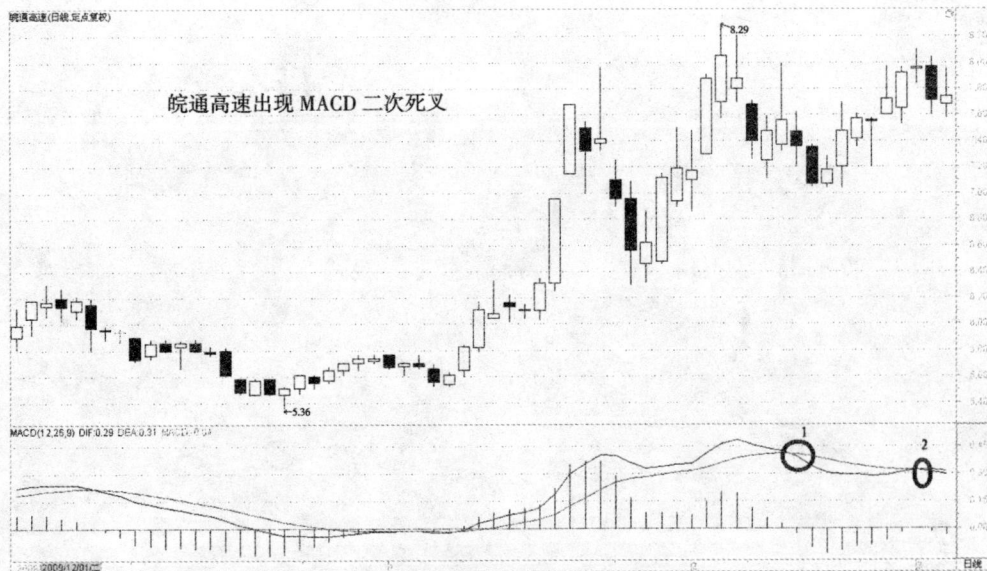

图 2-3　皖通高速出现 MACD 二次死叉

皖通高速出现了高位 MACD 双死叉之后，股价逐步下跌，两段下跌走势幅度一样，这是下跌过程中比较容易见到的一种情况。如图 2-4 所示，一般而言，我们在推测股价下跌幅度的时候可以利用这种大数概率，也就是说股价倾向于呈现两段相同幅度的下跌。其实，在艾略特波浪理论中也有类似的模型，那就是股价呈现 ABC 下跌的时候，A 段等于 C 段，而 B 短连接了两段。

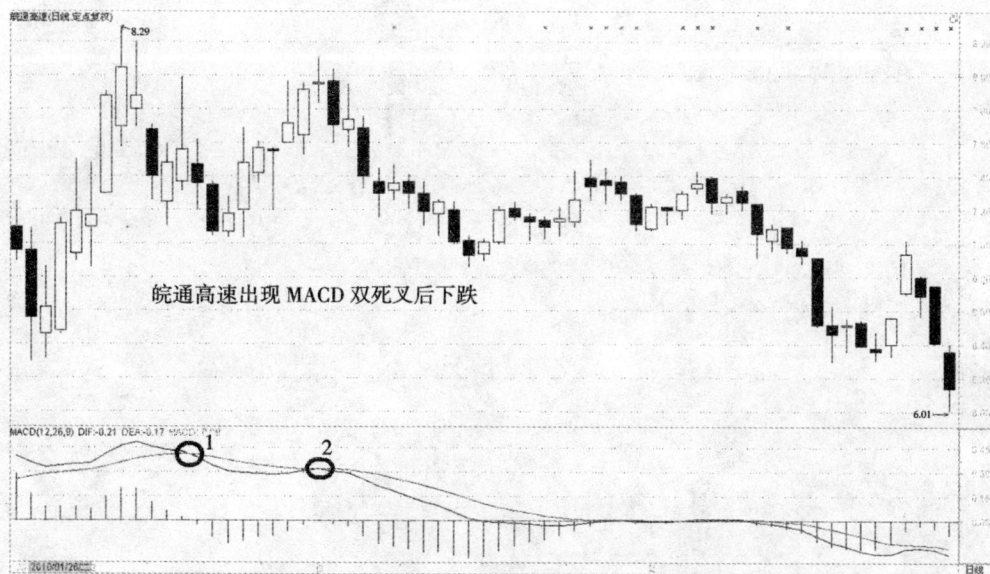

图 2-4　皖通高速出现 MACD 双死叉后下跌

　　我们再来看另外一个实例，日照港出现 MACD 双死叉。如图 2-5 所示，股价从低位逐步爬升，中间有显著快速的调整，这使得多数持股者对于后续涨势都缺乏足够的信心。日照港冲高到 8.57 元后出现了流星线和看跌母子形态，相应的 MACD 也出现了第一个死叉。然后股价开始步入横向整理状态。在这个过程中股价形成了第二次死叉。

图 2-5　日照港出现 MACD 双死叉

日照港形成高位双死叉之后，股价并没有立即展开下跌，而是继续维持横盘整理走势，如图 2-6 所示。甚至在正式下跌前股价还故意向上拉升过一次，这是明显的诱多行为，主力为了让散户出来接盘而上演了"一日游"行情。我们在实际操盘过程中往往会不自觉地对阳线保持惯性预期，今天阳线就会对明天出现阳线的预期增加不少；相应的是今天出现阴线则会对明天出现阴线的预期增加不少。我们认识的很多私募操盘手对此有很深入的认识，所以他们有时候进行盘面操纵的时候往往借助于这种惯性认识：在出货之前先造出一根阳线，让股价有喷薄欲出的迹象；要拉升前先造出一根阴线，让股价有急速下跌的假象。这就告诫散户在操作的时候不能单凭一日的行情走势来研判市场，要整体来看待市场。

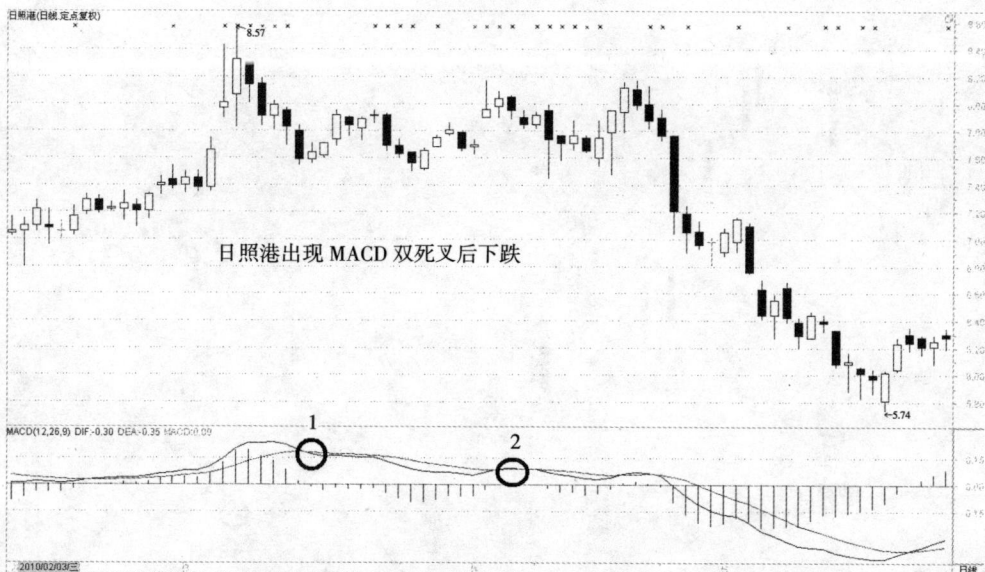

图 2-6 日照港出现 MACD 双死叉后下跌

第二节 MACD 双金叉

与 MACD 双死叉相应的是 MACD 双金叉，不少股民都认为 MACD 死叉比 MACD 金叉的效果更差，但事实上可能是因为股民们对上涨信号的关注比下跌信号关注更多的缘故。本小节将围绕 MACD 双金叉展开，基本原理与 MACD 双死叉一致。我们先来看指数 MACD 双金叉的实例，指数出现双金叉时，我们就要对这个板块的个股加以注意，因为其中个股上涨的概率就要大大增加了。如图 2-7 所示，工业指数从 2893 点的高位快速下跌，在 2171.9 点位置获得支撑，形成不标准的早晨之星。为什么说这个早晨之星不标准呢？因为这个形态的星体是两根 K 线组成的，而不是典型形态的一根 K 线，但是看涨效果是一样的，关于这部分内容大家可以参考《经典 K 线一周通》一书。指数筑底后回升，不久受到打压，再度回落，接近 2171.9 低点时再度获得支撑，继续上行，这样低点就上移了。指数第二次回落后形成一个新的低点，高于此前次低点。次低点和第三低点分别形成了第一金叉点和第二金叉点。

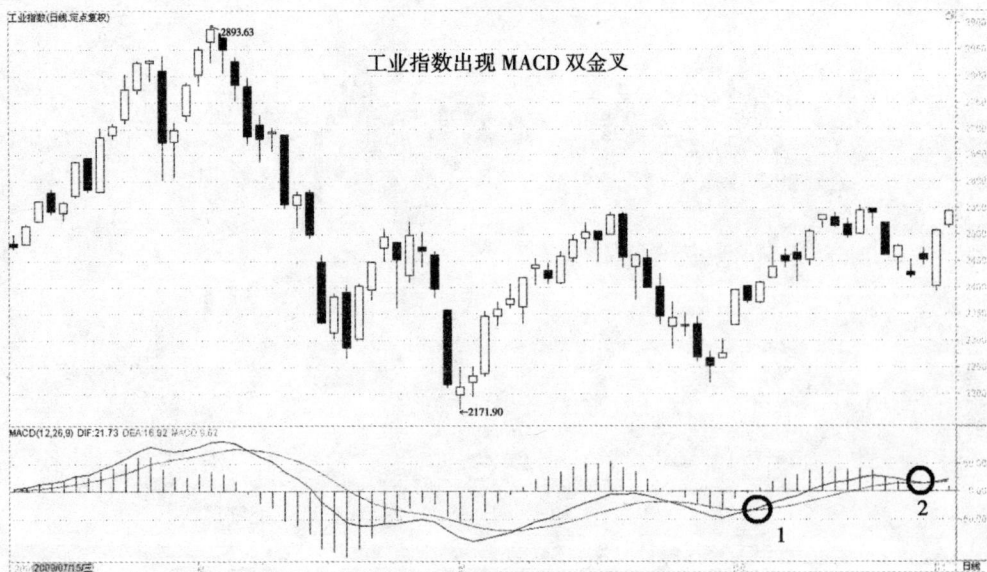

图 2-7　工业指数出现 MACD 双金叉

　　如图 2-8 所示，工业指数形成了 MACD 双金叉后股价延续了上涨态势，其实低点逐渐抬高就已经确认趋势向上，现在只是延续此上涨趋势而已。这里再温习一下此前学到的关于趋势的简单判定法：形成次低点，向上趋势确认；形成次高点，向下趋势确认。工业指数上涨到目前的位置，离前期高点还有一定空间，所以指数应该倾向于继续上行，我们可以结合 K 线形态和量能形态来确认指数的顶部。

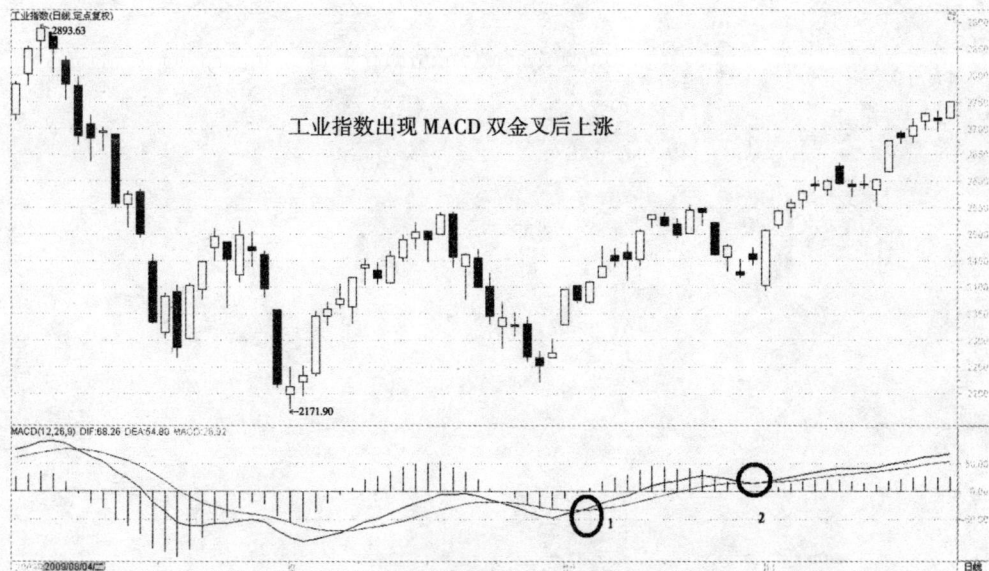

图 2-8　工业指数出现 MACD 双金叉后上涨

　　我们来看个股利用 MACD 双金叉进行识别的实例，如图 2-9 所示。晨鸣纸业从 10.23 元高位下挫，下跌动能极其充足，没有像样的回调。股价跌到 7 元区域附近开始获得买盘支撑，抛压减轻，股价进入震荡下跌状态。股价一度反弹到 8.25 元附近，出现不标准的"看跌吞没"形态之后股价快速下探到新低点 6.7 元，然后向上跳空，出现了第一个 MACD 金叉。股价缓慢上涨，回探形成了次低点，然后再度回升，次低点形成处 K 线呈现了"看涨孕十字"形态，这是"看涨吞没"的特殊形态，次低点的形成确认了上行趋势。

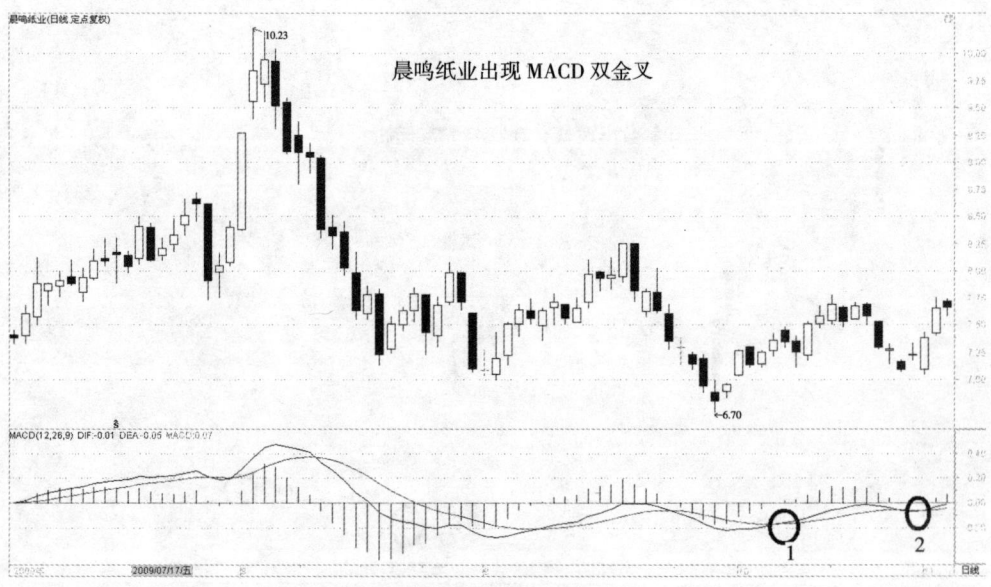

晨鸣纸业出现 MACD 双金叉

图 2-9　晨鸣纸业出现 MACD 双金叉

晨鸣纸业出现了 MACD 双金叉之后股价逐步上涨，如图 2-10 所示。股价突破前期反弹高点之后却出现了停滞不前的状态，更为重要的是收出了一根大阴线，将此前上涨的多根小阳线吞掉，空头力量骤然增加，理性股民应该在这时退出，以便落袋为安。退出是所有股民都面临的难题，很多股民主观地定下了一个利润目标，其实这是错误的。应该根据行情发展来确定利润目标，如果行情只有 10% 的上涨幅度，你却要求 20% 的利润，这是不可能的。同样，如果行情上涨了 10 倍，你却只要 20% 的利润，也是错误的。短线股民经常听到"顺势而为"的训条，其实这里面就包含了一个"顺势取利"的指导原则，势头大就要大赚，势头小只能谋取小赚不亏，这才是真正的短线炒股赢家。

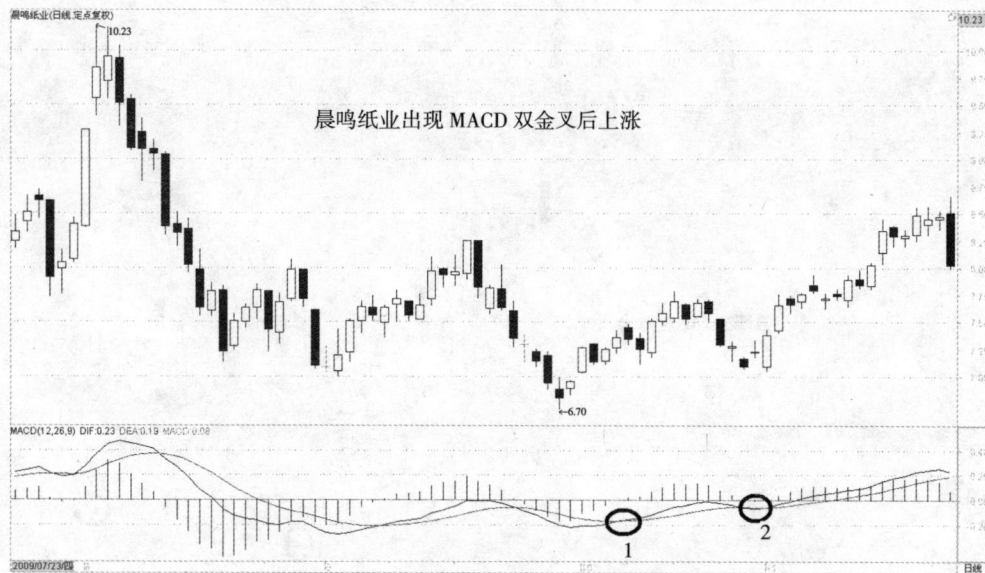

图 2-10　晨鸣纸业 MACD 双金叉之后上涨

再来看一个实例，如图 2-11 所示。三一重工从 24.69 元高位逐步下探，下跌过程中不时出现小平台整理走势，然后跌破平台创下新低。跌到 16.03 元出现"看涨吞没"，股价逐步拉起，相应的 MACD 线形成第一个金叉。股价继续缓步上扬，然后再度探底，形成次低后快速拉升，这就确认了向上趋势。形成次低的时候 MACD 线形成金叉，股价再度上扬，这是二度金叉。MACD 形成双金叉后股价继续上涨的可能性很大，为什么会这样呢？其实，大家可以从趋势和多空力量对比的角度去理解。MACD 第一个金叉一般是股价初步上涨，还不能断定为趋势，有可能只是浮筹减少导致的反弹而已，空头力量减弱了。股价初步上涨后出现回落，如果是反弹，回落幅度应该很大，应该创下新低。但是股价在高于前期低点水平附近出现止跌回升，这就表明空头力量进一步削弱，多头力量在增强，股价进一步上涨的可能性很大。

图 2-11　三一重工出现 MACD 双金叉

如图 2-12 所示，三一重工出现了 MACD 双金叉之后，股价并没有快速上扬，而是继续整理。在真正的上涨走势启动之前还曾经往下砸了一个坑，这明显是主力虚晃一枪的表现。当股价步入上涨走势后，MACD 也向上穿越零线。MACD 向上穿越也可以被定义为一种特别的金叉，这是大家需要注意的一个要点，因为 MACD 零轴被视为牛市与熊市的分界线。

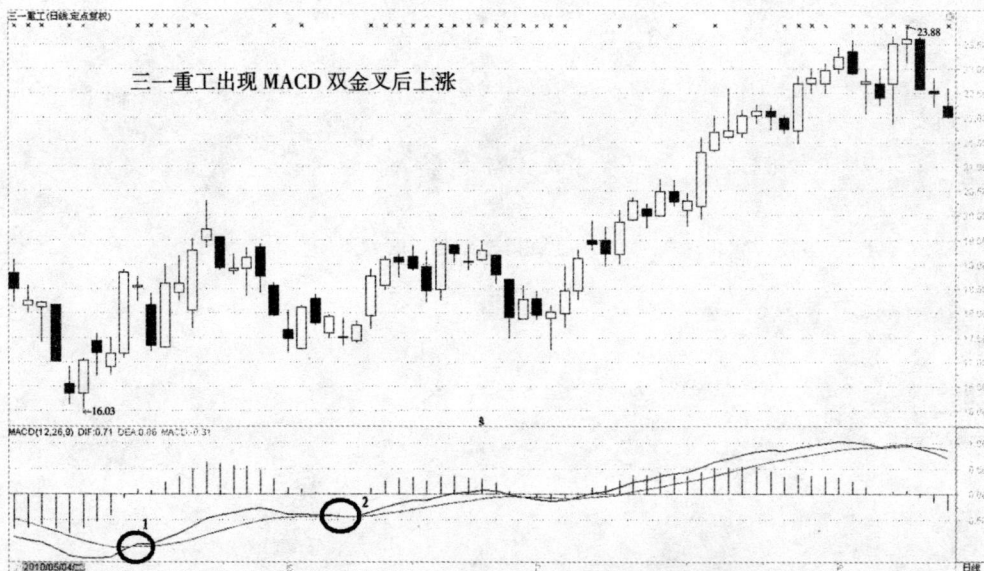

三一重工出现 MACD 双金叉后上涨

图 2-12　三一重工出现 MACD 双金叉后上涨

第三节 TRIX 双死叉

TRIX 是中线股民用得较多的技术指标，但是我们发现这一指标对于短线操作也有较为高效的用法。本小节主要是介绍 TRIX 双死叉，其原理基本与 MACD 双死叉一样。当指数或者是股价走势相应的 TRIX 指标出现双死叉的时候，后市继续下跌的可能性很大。我们先来看大盘指数的实例，如图 2-13 所示。上证指数一路呈现上扬走势，基本上没有什么像样的回调。到目前为止，指数只在两个地方出现了连续超过三日阴线的情况，而相应于这两个地方的 TRIX 出现了双死叉。

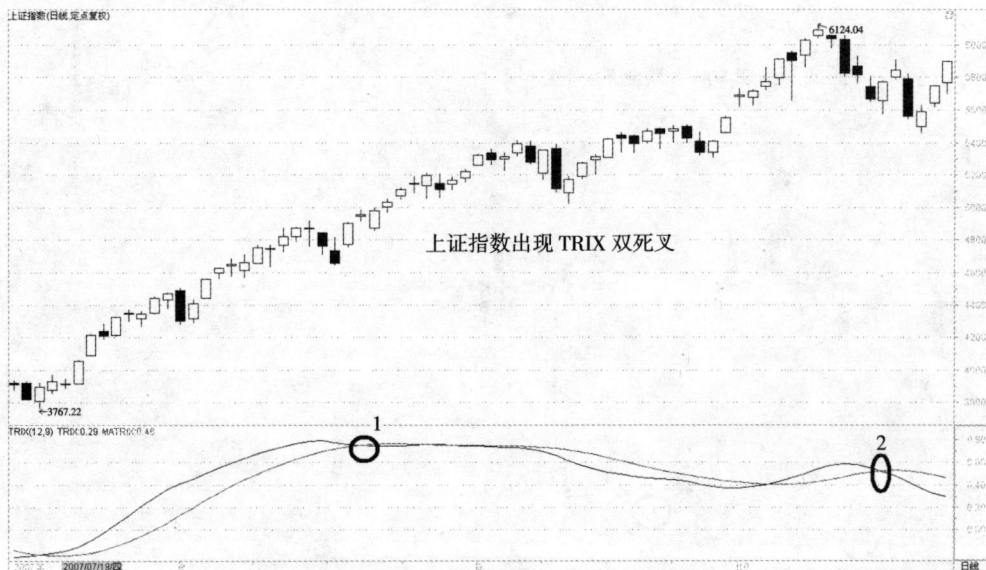

图 2-13 上证指数出现 TRIX 双死叉

如图 2-14 所示，上证指数出现 TRIX 双死叉后股价并没有立即展开跌势，而是再度上冲，形成类似双顶的形态后才正式下跌的。不过这里面有一个微小的细节，就是股价形成的第二顶是稍微低于第一顶的，这表明多头的力量减弱了，后市继续下跌的可能性更大，向下趋势确立。

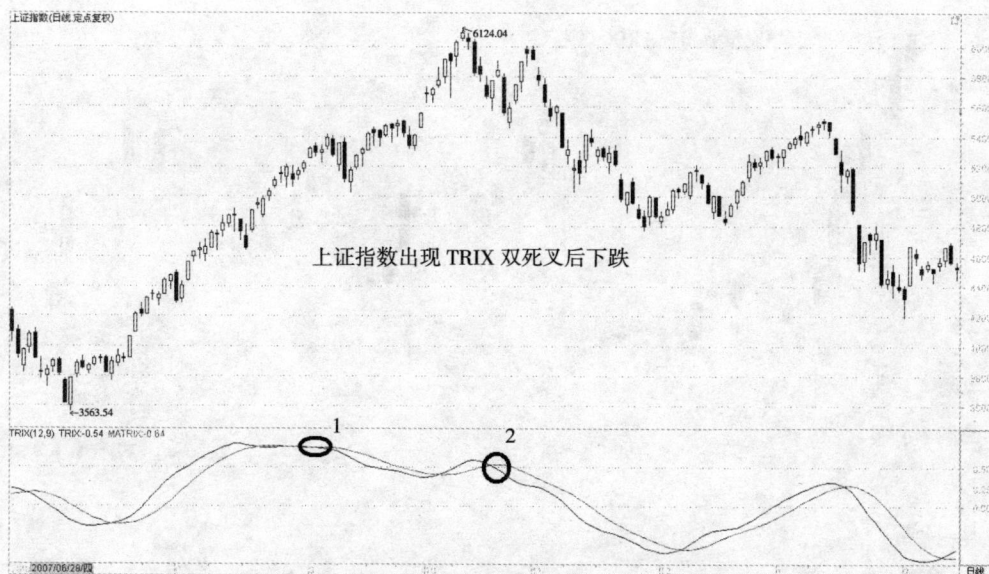

图 2-14　上证指数出现 TRIX 双死叉后下跌

看完了指数 TRIX 双死叉的例子，我们接着看个股 TRIX 双死叉的实例。如图 2-15 所示，顺发恒业从 10.58 元高位下跌，跌到 8.19 元低点然后展开反弹，反弹结束后股价震荡下跌。在这个过程中形成了 TRIX 两次死叉。该股后市下跌的可能性很大，应该保持空仓的态度。

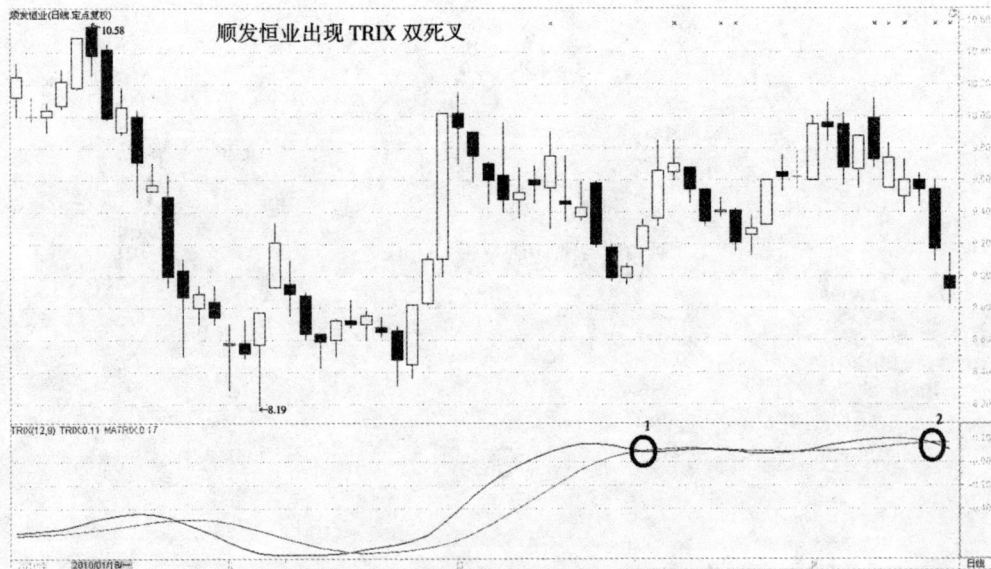

图 2-15　顺发恒业出现 TRIX 双死叉

　　如图 2-16 所示，顺发恒业出现 TRIX 双死叉后，股价快速跌破前期低点，空头力量非常强大，首先是股价出现了向下跳空缺口，其次是阴线较大。穿越前期低点区域之后，股价开始震荡下行，表明市场已经度过恐慌抛盘期，进入到持续下跌趋势。

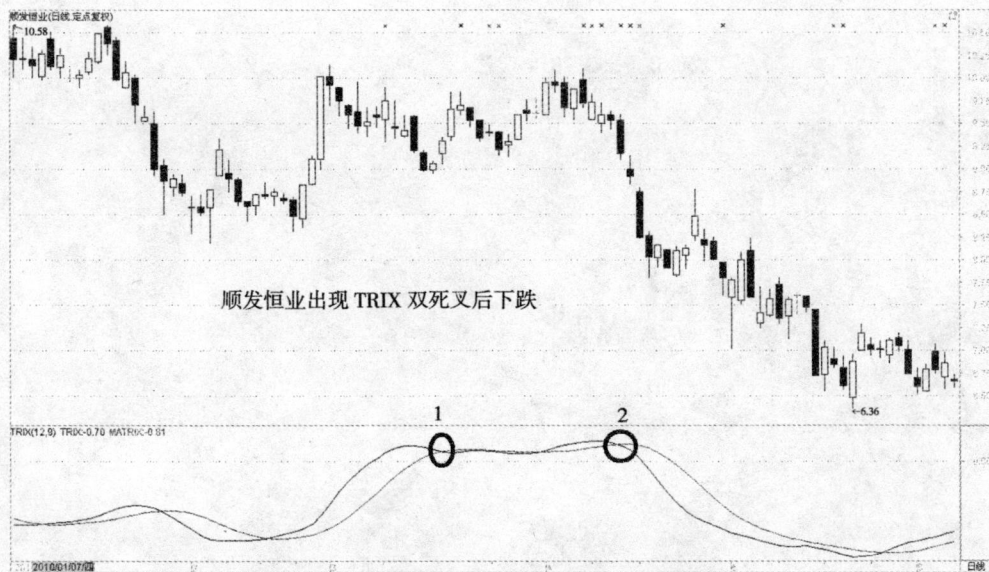

图 2-16　顺发恒业出现 TRIX 双死叉后下跌

第四节 TRIX 双金叉

TRIX 与 MACD 一样，除了双死叉还有双金叉，运用的思路大致一样，只不过 TRIX 的双金叉信号要比 MACD 信号更可靠一些，但是相应也更迟钝一些。我们下面就来看 TRIX 双金叉实例，如图 2-17 所示，成份 B 指从高位下跌，大阳探底形成低点 3715.27 点后快速上冲，形成了第一个 TRIX 金叉点。然后股价横盘整理后冲高回落，再拉升，形成次低点，相应形成 TRIX 的第二个金叉点。两个金叉形成后股价快速上行，我们继续看涨后市。

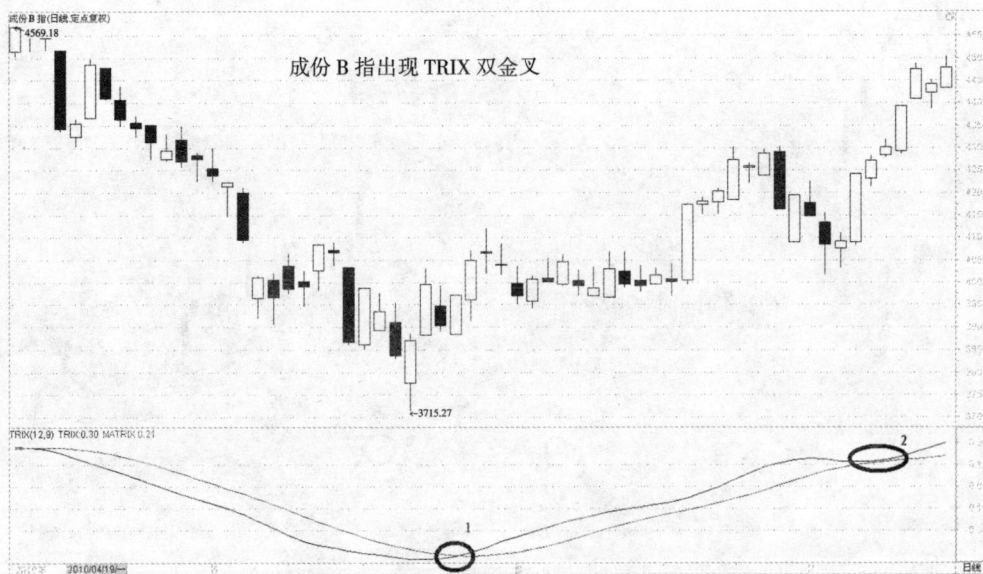

图 2-17 成份 B 指出现 TRIX 双金叉

　　成份 B 指指数出现低位双金叉后股价快速上行，基本没有调整，很快创出了新高，将前期高点远远抛在后面，如图 2-18 所示。目前股价处于高位横盘整理状态，形成了第一个高位死叉，而且大阴线也出现了，显然该股在此高位面临沉重抛盘。谨慎的股民可以在这个位置卖出部分或者全部头寸，在确认上行趋势继续后再进场买入。

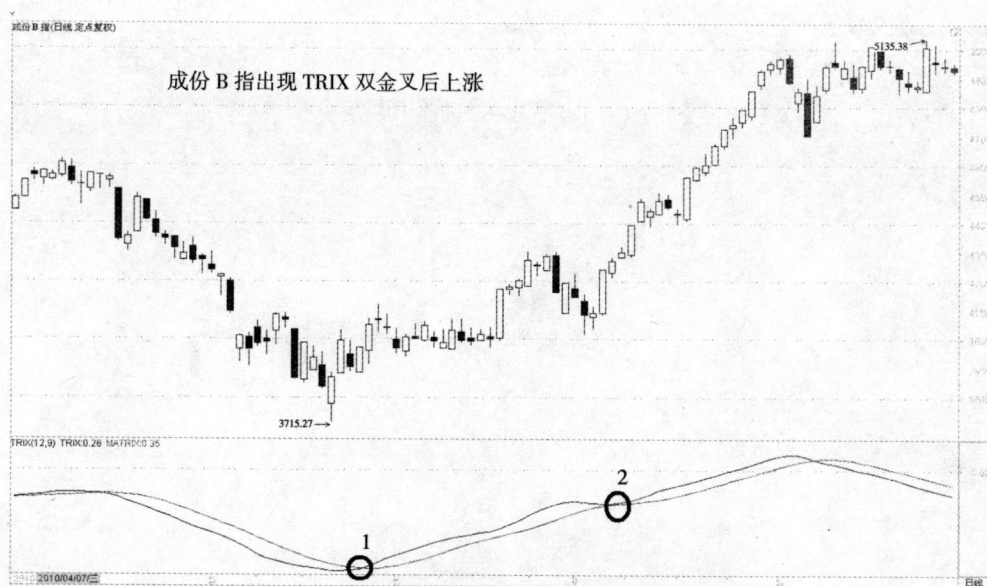

图 2-18　成份 B 指出现 TRIX 双金叉后上涨

　　如图 2-19 所示，ST 中冠 A 从 10.2 元横盘整理处下跌，跌势不止。下跌走势基本上可以分为两段，第一段是股价近乎垂直下跌；第二段则是股价横盘整理重心小幅下移。下跌角度趋小，这表明下跌动能不足。到目前为止低点是 6.25 元，股价形成低点后逐步上拉。可以看到在横盘小幅下跌过程中，TRIX 形成了两个金叉。更为重要的是，两个金叉的位置是逐步抬高的，而相应的股价走势却是逐步探底的，这就是前面我们重点讲过的底背离。当然前面讲的是 MACD 和 KD 与股价的底背离，而这里讲的是 TRIX 与股价的底背离。双金叉和底背离都出现了，同时可以看到股价在 6.25 元附近形成了两个锤头形态，也就是下影线很长的 K 线形态，这是看涨形态。将上述三个上涨要点结合起来，我们就能制订买入计划。

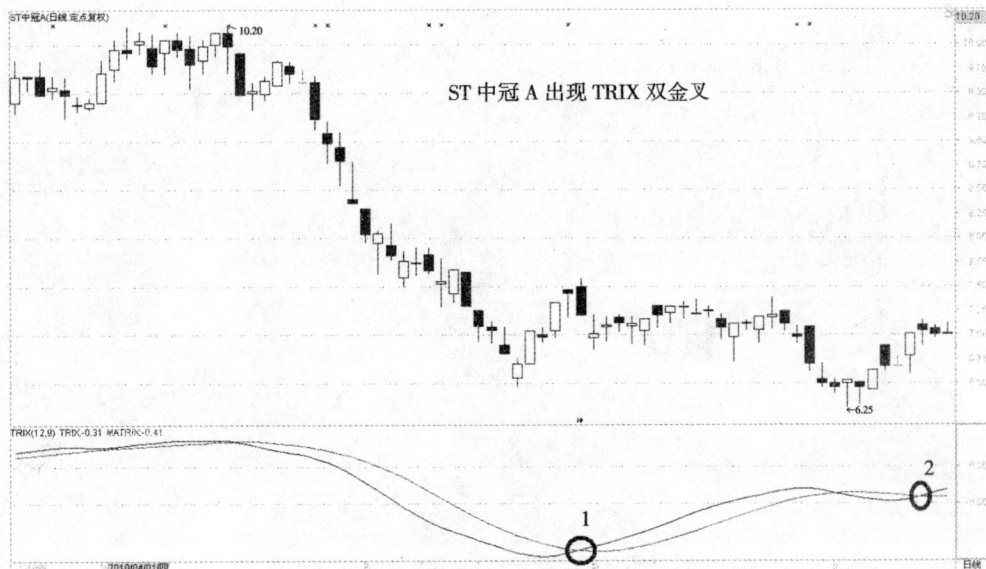

图 2-19　ST 中冠 A 出现 TRIX 双金叉

　　ST中冠A出现了TRIX双金叉之后，股价先是快速拉升一波，然后横盘做小平台整理，之后则再度快速上行，如图2-20所示。目前接近前期高点位置，上涨空间可能已经不是很大了，而且有高位形成TRIX双死叉的可能性。明智的股民在这个位置应考虑减少仓位，否则如果迎来急速下跌将很难全身而退。

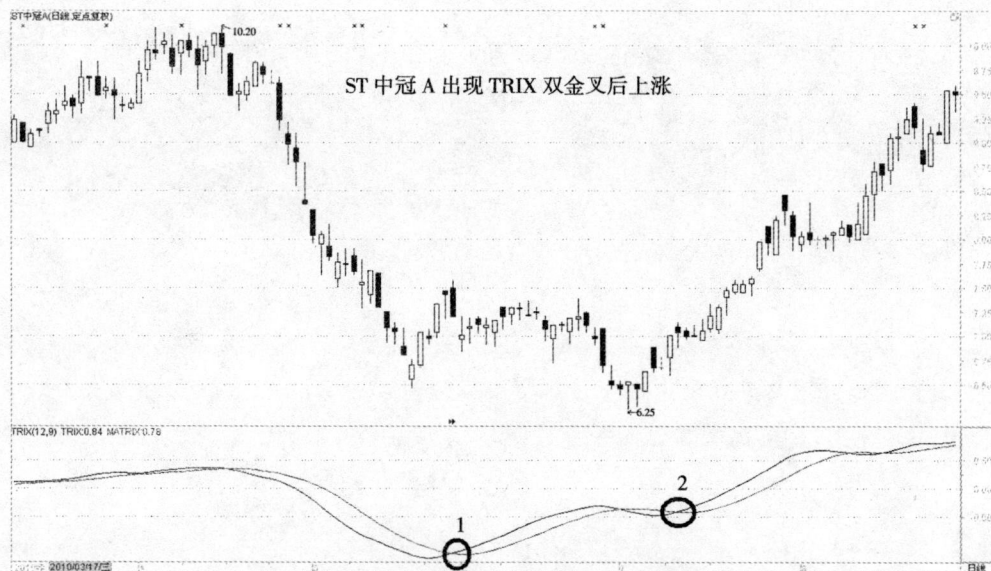

图2-20　ST中冠A出现TRIX双金叉后上涨

星期三　经典量能策略基础之三：回归中线模式

第一节　KD 向下回归中线模式

　　背离属于比较难掌握的模式，而双交叉则属于比较容易掌握的模式，回归中线模式的难易程度介于两者之间。回归中线模式建立在传统的超卖超买基础之上，但是规避了这种策略的最大风险，提高了其在单边市场的研判效力。我们这节介绍 KD 向下回归中线模式，这是一个看跌信号。KD 向下回归中线模式：KD 线从超买区域出来，运行到中线附近出现死叉，指数或者是股价继续下跌的可能性很大。

　　下面我们先看指数 KD 回归中线的实例，如图 3-1 所示。上证指数冲到 2230 点附近进入到宽幅震荡状态，相应的 KD 指标在 1 处进入超买状态，然后在 2 处附近也就是中线附近出现死叉，这就形成了典型的 KD 向下回归中线状态。上证指数形成向下回归中线模式之后，后市继续下跌的可能性就很大了。

　　上证指数出现了 KD 向下回归中线之后，股价走出了下跌趋势，为上涨以来的新低，如图 3-2 所示。KD 线进入到超卖区域，是不是就可以买入了呢？按照传统的超卖超买判断法则是这样的，但是这样却很容易遭受指标钝化的问题，也就是股价持续暴跌，而 KD 线一直在超卖区域中。我们的 KD 回归中线方法则可以避免这一问题。

图 3-1　上证指数出现 KD 向下回归中线

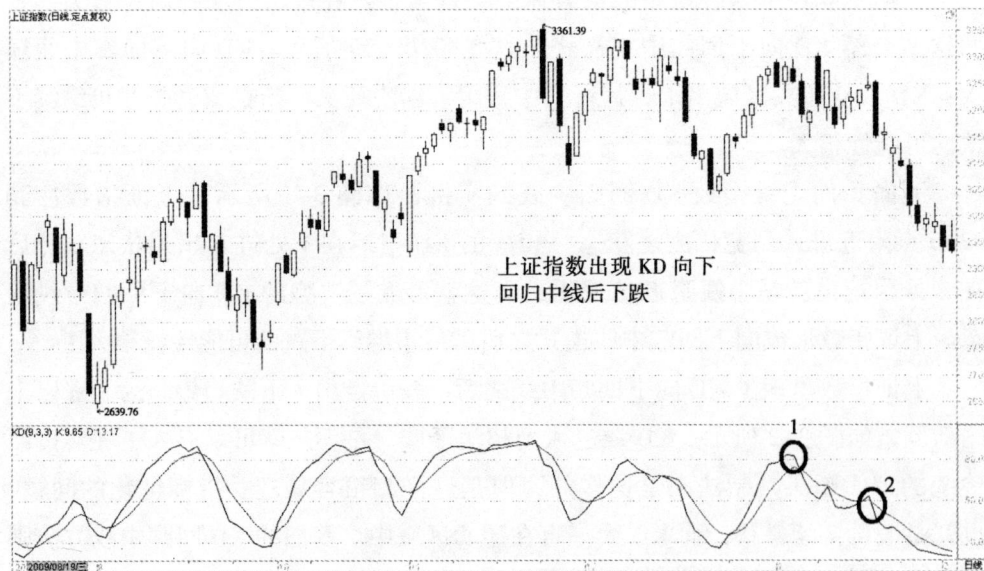

图 3-2　上证指数出现 KD 向下回归中线后下跌

　　我们来看个股的 KD 向下回归中线实例，如图 3-3 所示。广州浪奇从 3.7 元低点逐步上涨，中间有调整，但是基本维持 45°上升走势，走势平稳。单从股价走势来看并没有什么下跌迹象，但是最近一个交易日是大阴线。最为重要的看空信息来自于 KD 线，如图 3-3 所示。广州浪奇在最近一段交易时间里，KD 进入超买区域，这是 1 点；然后从超买区域出来，进入到中线位置，这时候 KD 形成了死叉，也就是 2 点，这就是典型的 KD 向下回归中线形态，后市继续下跌的可能性很大，股民应该空仓。

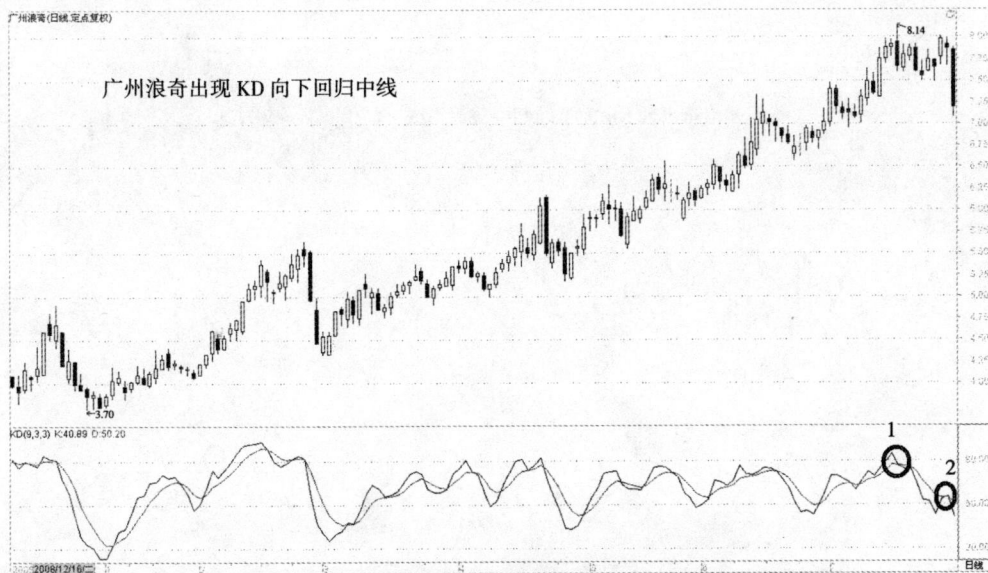

图 3-3　广州浪奇出现 KD 向下回归中线

　　广州浪奇出现 KD 向下回归中线形态之后，股价开始进入下跌趋势，如图 3-4 所示。现在看来这个下跌走势是非常明显的，回过头来看也只有两处给出了看跌信号：第一是股价高位整理出现大阴线；第二是 KD 向下回归中线形态。

图 3-4　广州浪奇出现 KD 向下回归中线后下跌

第二节 KD 向上回归中线模式

KD 向下回归中线模式我们已经有了比较直观而深入的掌握，下面我们接着研究 KD 向上回归中线模式。KD 向上回归中线模式可以从向下模式反推出来，这是一个看涨信号，对于 A 股股民具有更为重要的意义，因为基本上个股做多才能赚钱。我们先来看指数 KD 向上回归中线模式，如图 3-5 所示，上证指数从高位逐步下跌，创出 1664.93 点的新低之后股价宽幅震荡。最近几个交易日，KD 从超卖区域出来，进入到中线位置，出现了金叉。这是典型的 KD 向上回归中线模式，后市看涨。

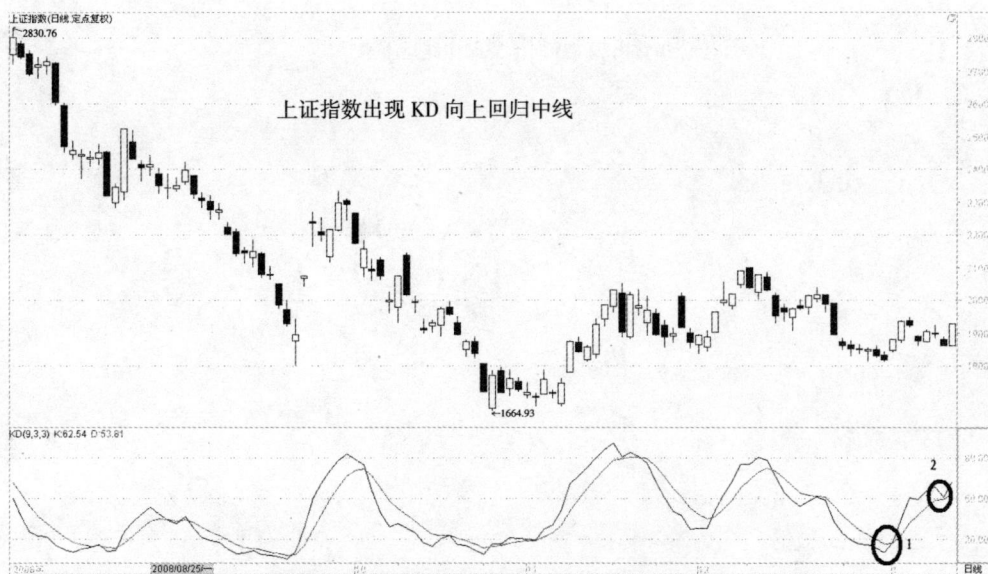

图 3-5 上证指数出现 KD 向上回归中线

上证指数出现了 KD 向上回归中线走势之后，指数开始转而上行，形成了向上的趋势，如图 3-6 所示。指数向上突破了宽幅震荡区的高点，不断拉升，突破了 2300 点一线的反弹高点（此高点由黄昏之星标记）。不过，最近几个交易日有看空信号出现，指数出现了上涨以来少有的大阴线，相应 KD 线出现了双重死叉，这是一个很强的看跌信号。

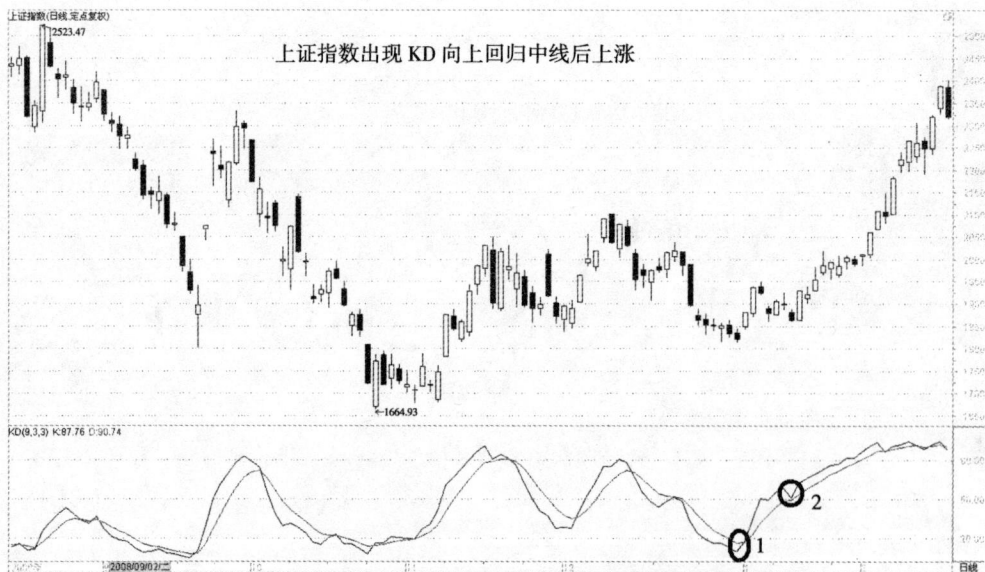

图 3-6　上证指数出现 KD 向上回归中线后上涨

我们来看一个个股利用 KD 向上回归中线模式的例子，如图 3-7 所示。泰达股份最近很长一段时间都处在宽幅震荡状态，股价最高上涨到了 9.05 元的价位，然后股价回落，KD 线进入到超卖区域；随着股价重新确立向上态势，KD 从超卖区域出来后进入到中线位置，形成金叉。这是典型的 KD 向上回归中线模式，后市上涨的可能性很大。

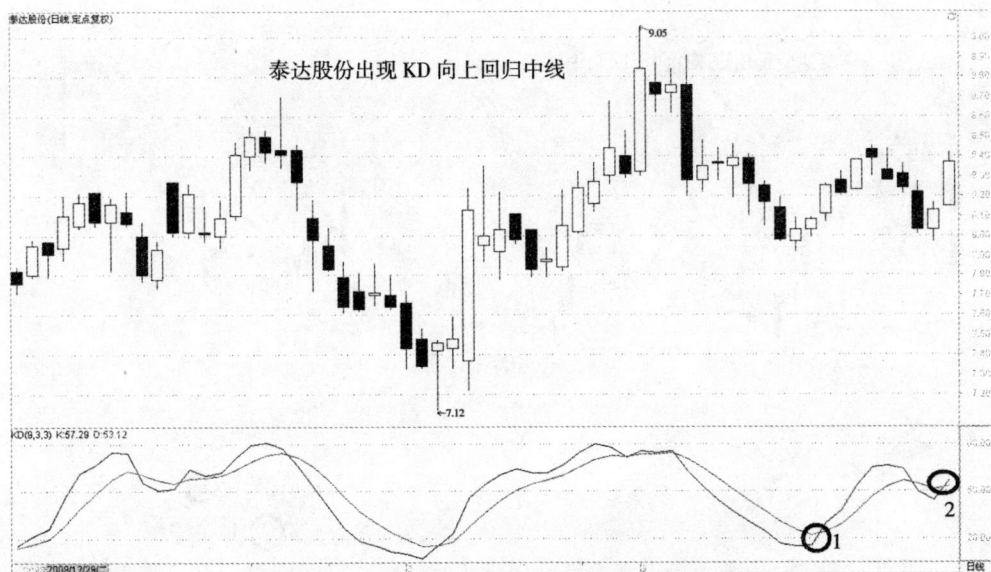

图 3-7　泰达股份出现 KD 向上回归中线

泰达股份出现了 KD 向上回归中线模式之后，股价突破前期高点，如图 3-8
所示。目前股价形成一个不标准的黄昏之星形态，但是最近两个交易日多方反
攻也很强劲，后市谨慎。

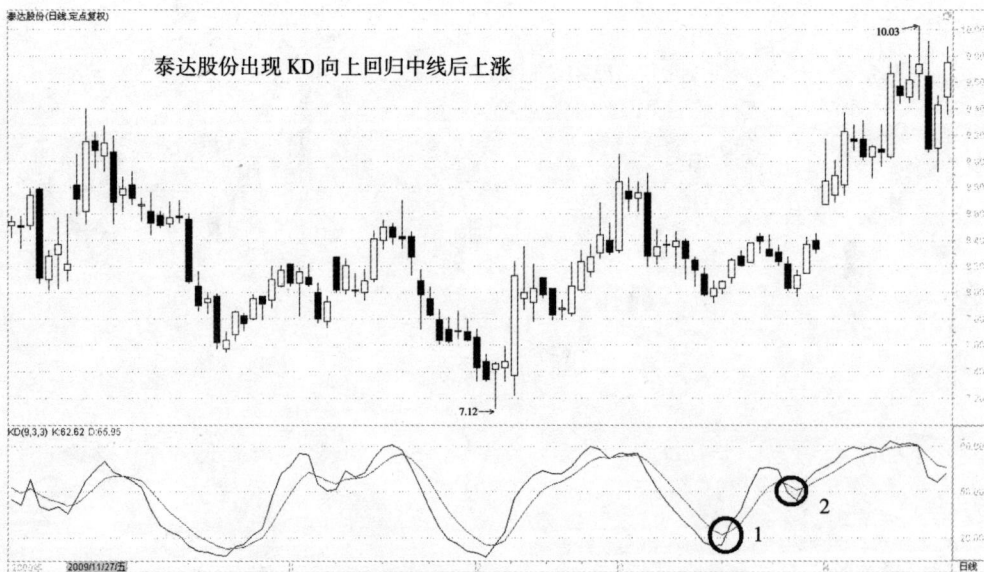

图 3-8　泰达股份出现 KD 向上回归中线后上涨

再来看一个个股利用 KD 向上回归中线的例子，如图 3-9 所示。旭飞投资从 16.48 元高位逐步下跌，反弹只持续一两个交易日，弱势可见一斑。股价继续下跌，KD 线却往上走，这是我们前面介绍过的典型的底背离模式。更为重要的是，KD 从超卖区域出来后，在中线附近形成向上金叉，这是典型的 KD 向上回归中线模式。总而言之，现在有两个非常强劲的看涨信号，一个是底背离，另一个是 KD 向上回归中线。

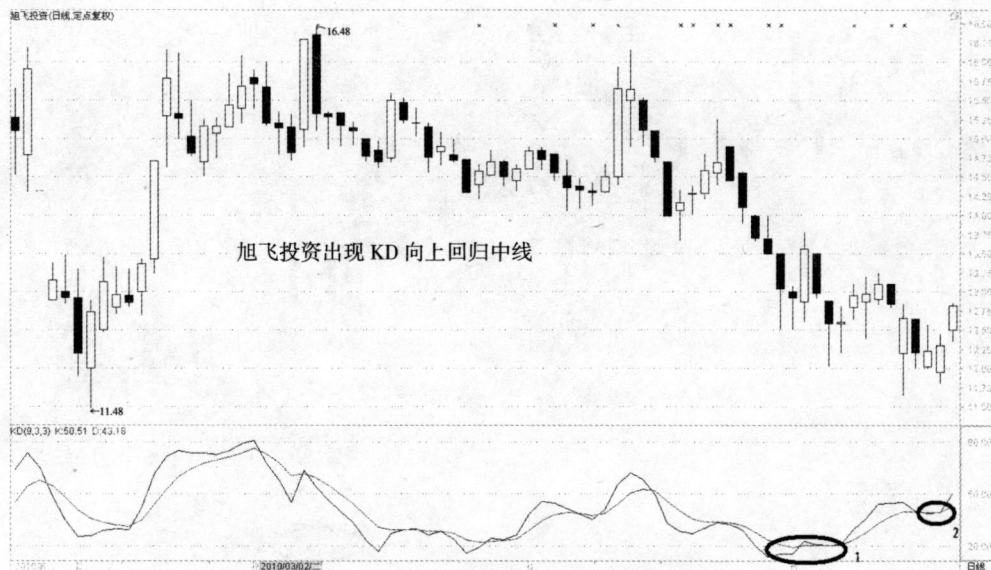

图 3-9　旭飞投资出现 KD 向上回归中线

　　如图 3-10 所示，旭飞投资出现 KD 向上回归中线模式后，股价只是小幅冲高，然后继续回落，股价是否继续上涨，到截稿为止我们并不清楚。这也说明了一个问题，那就是没有百分之百可靠的信号。另外一个看涨信号也无法给出具体的上涨幅度，更不能保证上涨幅度一定很大。

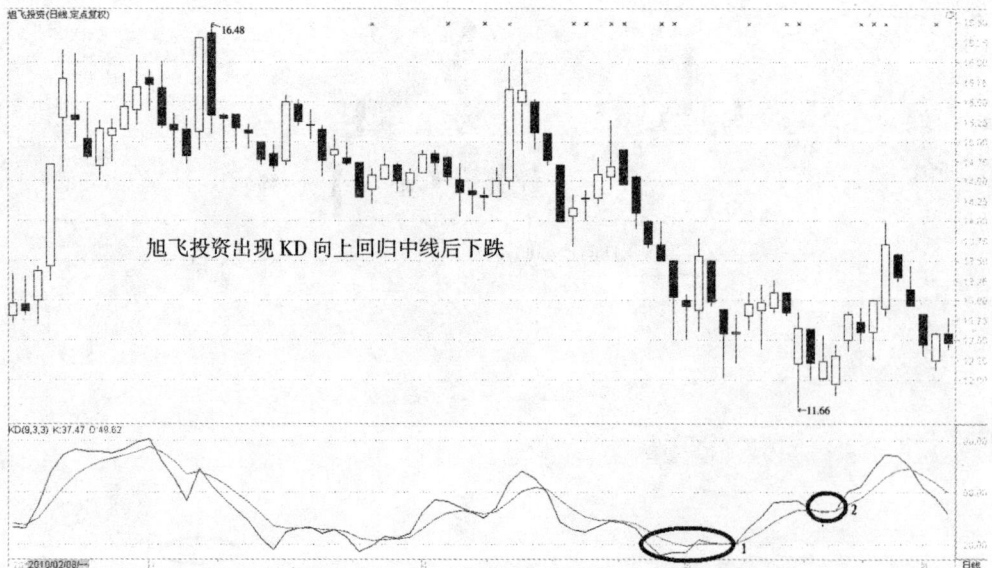

图 3-10　旭飞投资出现 KD 向上回归中线后下跌

　　KD 向上回归中线是本章的重中之重，所以有必要花更多的笔墨，这里引入另外一个例子，如图 3-11 所示。万泽股份从 9.3 元高点快速下跌，跌到 7 元开始缓慢下跌，最低跌到 4.97 元，收盘价没有跌破 5 元，这表明 5 元整数关口的支撑非常强大。这时候 KD 线触及超卖区域，股价开始维持在 5 元上方的横盘整理走势，相应的 KD 线也在中线附近出现了金叉，这就形成了典型的向上回归中线模式。股价后市继续上涨的可能性很大，可以酌情买入。

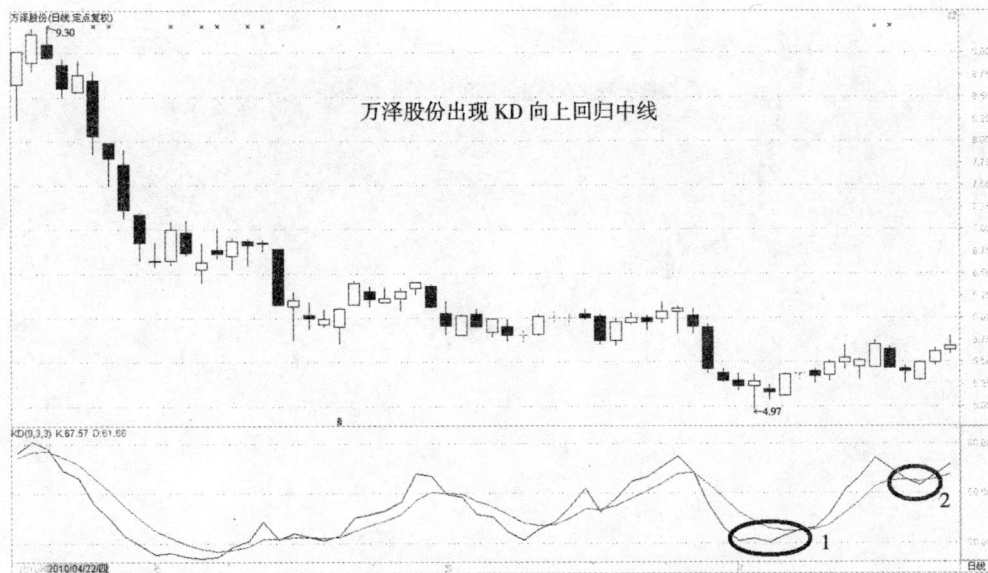

图 3-11　万泽股份出现 KD 向上回归中线

万泽股份出现 KD 向上回归中线之后股价以 45°角逐步上涨,虽然此后股价横盘整理的时候 KD 形成了高位双死叉,但是股价调整后继续上涨,目前还没有见顶迹象。注意最近一个交易日股价留下了很长的下影线,股价收高,这表明多头力量很强大,如图 3-12 所示。

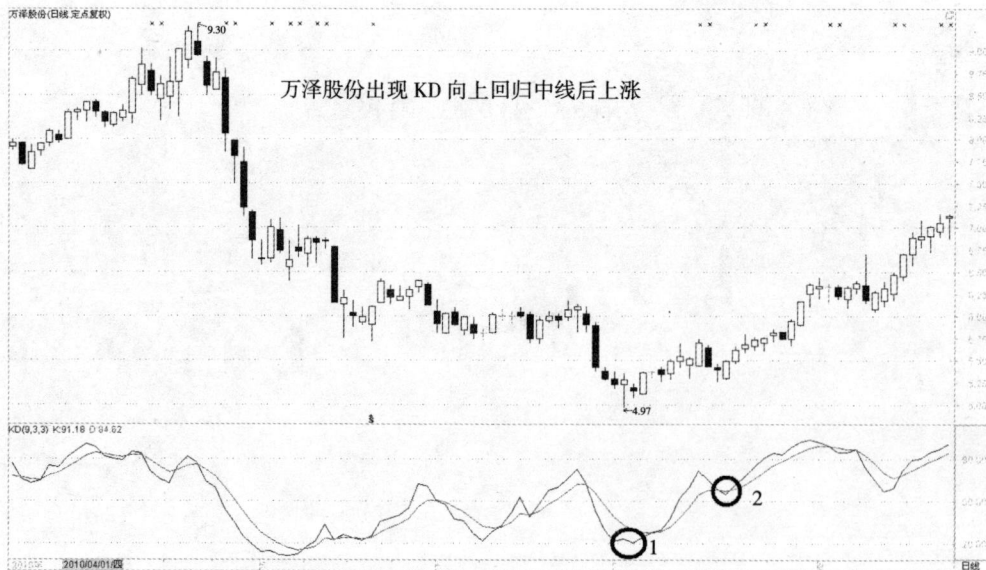

图 3-12　万泽股份出现 KD 向上回归中线后上涨

最后，我们有必要归纳一下 KD 向上回归中线的关键要点：①KD 线要从超卖区域出来。这里隐含一个前提，那就是 KD 线要进入，至少触及超卖区域。②KD 线要在中线附近形成金叉。当这两个条件具备的时候，短线股民就可以进场交易了，当然这里面还涉及仓位管理、风险控制的问题。

第三节　MACD 向下穿越中线模式

MACD 柱向下穿越中线模式与 KD 向下回归中线模式存在较大差异，当然中线在其中都充当了牛市与熊市基准线。MACD 中线，也被称为中轴和零轴，反映了多空力量的转变。当 MACD 柱向下穿越中线的时候，股价或者指数就从多头转入到了空头。MACD 柱穿越中线的频率较低，所以信号可靠度比单纯的均线更高。下面，我们就先来看一个大盘指数出现 MACD 柱向下穿越中线的例子。如图 3-13 所示，上证指数从高位逐步下跌，然后从 2890 点附近回升。最近一个交易日指数大跌，形成了大阴线，相应的 MACD 柱线向下穿越。柱线比 MACD 线更加灵敏，股指由升转跌的可能性很大。

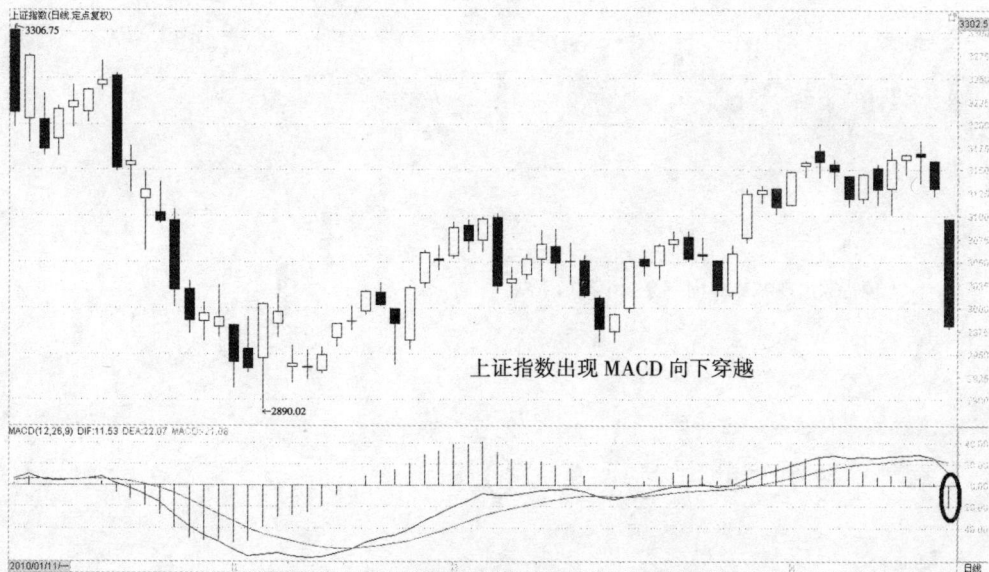

图 3-13　上证指数出现 MACD 向下穿越

上证指数出现 MACD 向下穿越之后，指数呈现 45°角下跌，如图 3-14 所示。如果大家还采用均线系统的话，可以看到开始下跌的那根大阴线相当于一般证券书籍中经常提到的"断头铡刀"。掌握了这一形态的股民也能够很好地规避此后的下跌。由此来看，技术分析很多信号可以相互验证，这样可以增强信号的可靠性。

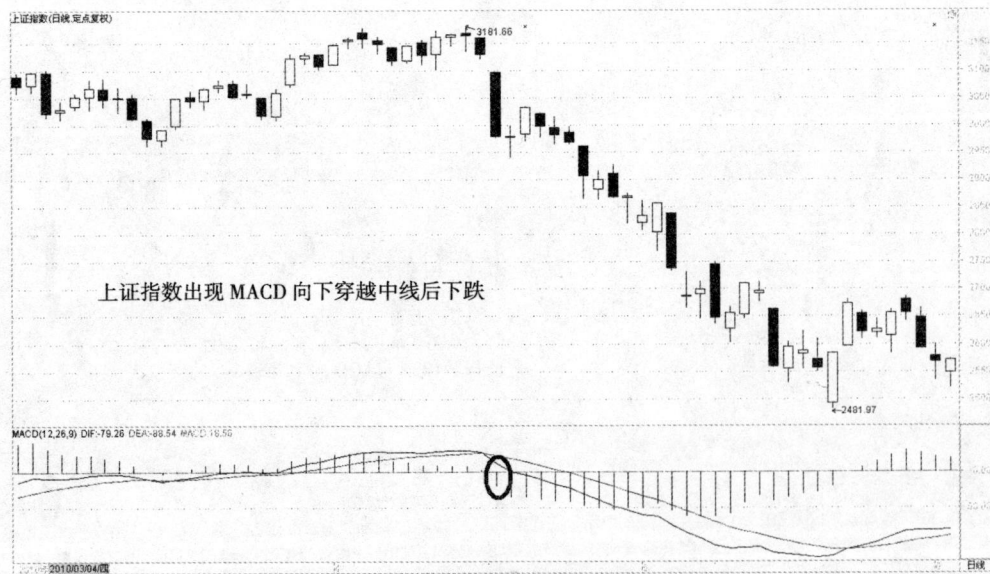

图 3-14　上证指数出现 MACD 向下穿越中线后下跌

下面我们来看个股的例子，如图 3-15 所示。武钢股份从 8.28 元高位下跌，在 6.4 元附近形成了长期窄幅整理格局。现在股价突然下破区间下边，创出新低，这是向下破位的表现，股价确立继续向下的趋势，相应的 MACD 也呈现向下穿越中线。这些信号综合起来就是一个强劲的看跌信号。

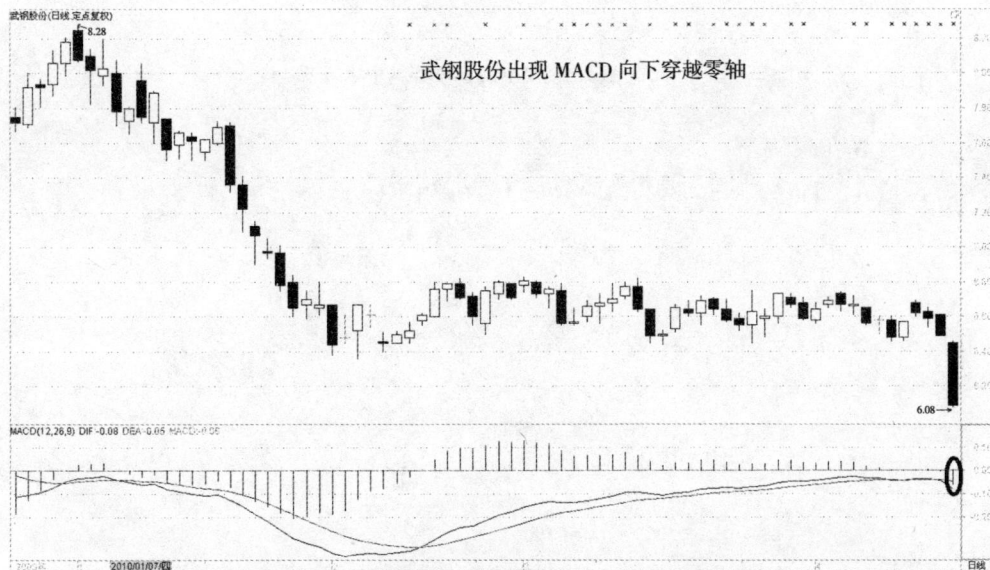

图 3-15 武钢股份出现 MACD 向下穿越零轴

武钢股份出现 MACD 柱线向下穿越中线之后，股价快速下跌，下跌幅度基本上与前一波下跌幅度相等，如图 3-16 所示。相邻两波下跌幅度相等，这是我们之前就强调过的一个普遍现象，大家可以利用这个来推测底部。

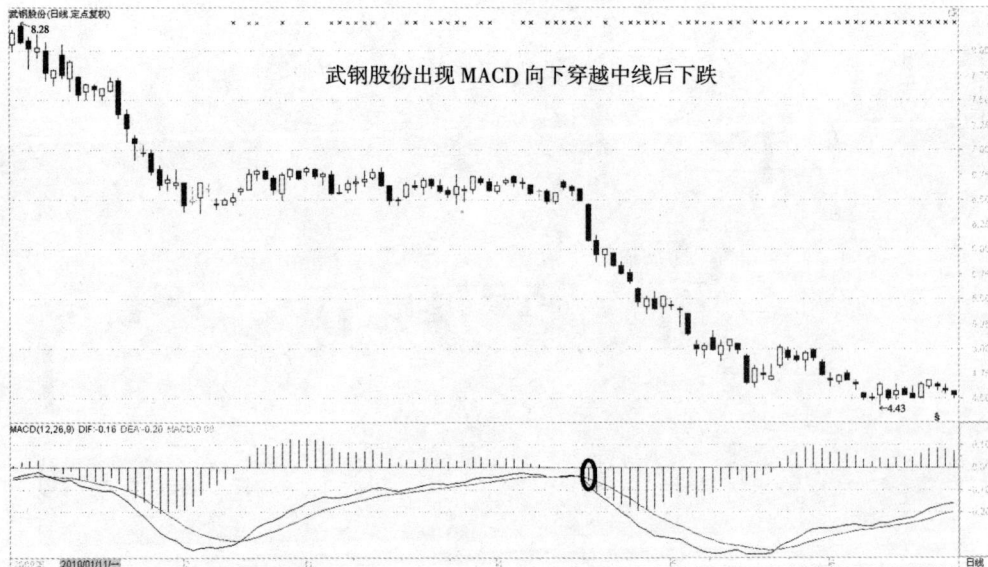

图 3-16 武钢股份出现 MACD 向下穿越中线后下跌

第四节　MACD 向上穿越中线模式

　　MACD 向上穿越中线模式就是 MACD 柱线向下穿越零轴，这是一个看跌信号，相比均线系统提供的交叉看跌信号，这个信号可靠性更高。如图 3–17 所示，A 股指数从高位逐步下跌，中间有一次较大幅度的反弹，但是维持几日就调头向下，创出新低 2770.1 点之后，指数回升。回升后再度下跌，形成次低点，这就确认了向上趋势。在这个回升过程中，MACD 柱线到了中线上，这就进一步确认了指数进一步上涨的潜力。

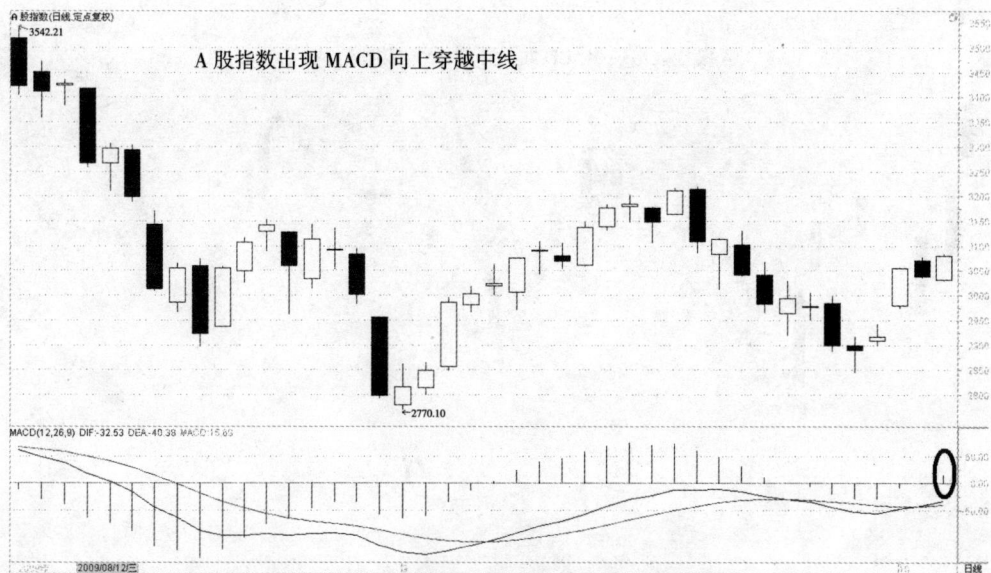

图 3–17　A 股指数出现 MACD 向上穿越中线

　　如图 3-18 所示，A 股指数出现 MACD 向上穿越中线之后，指数分两次上涨，目前指数仍在不断创出新高。最近一个交易日股指拉出大阳线，以最高价收盘，看来后市上涨动量充足。

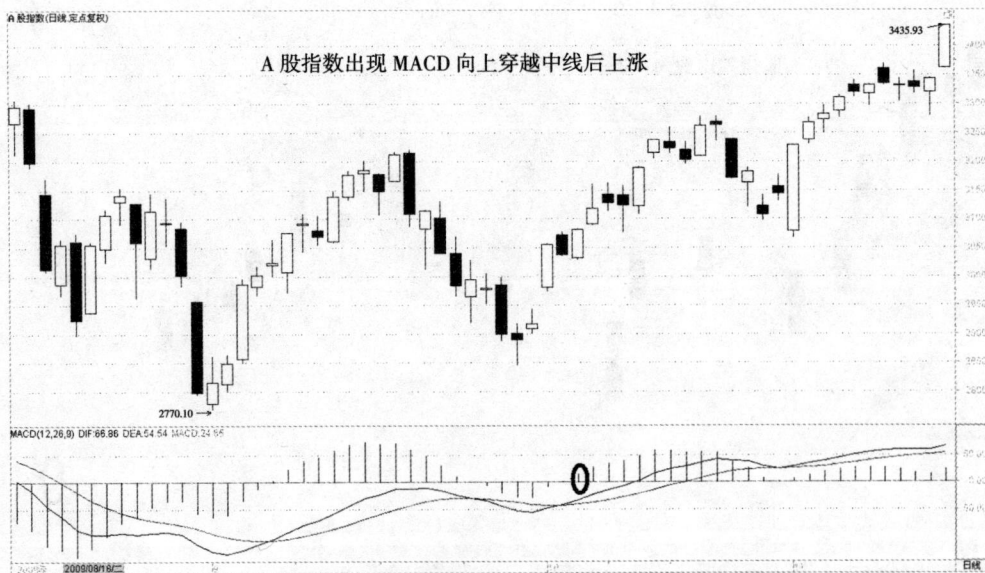

图 3-18　A 股指数出现 MACD 向上穿越中线后上涨

我们来看个股 MACD 向上穿越中线的实例，如图 3-19 所示。中国国贸最近一段时间内一直处于下跌走势，最近一个交易日股价拉起，相应 MACD 柱线向上穿越中线，仔细来看最近几个交易日股价形成了小双底。双底颈线还没有被突破，但是结合 MACD 向上穿越中线（零轴）的信号来看，后市继续上涨的可能性很大。

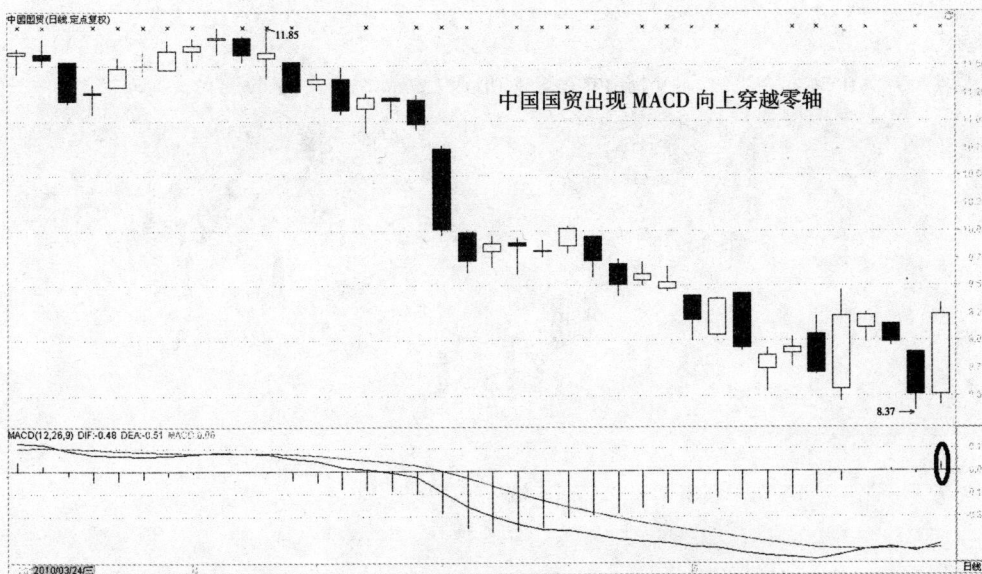

图 3-19　中国国贸出现 MACD 向上穿越零轴

中国国贸出现 MACD 向上穿越零轴之后，股价逐步上涨，中间夹杂着阴线，但是整个上涨走势还是比较稳固的，如图 3-20 所示。目前 MACD 两线仍维持向上发散状态，而且股价距离前期顶部较远，所以存在继续上涨的空间。

总结起来，MACD 柱线穿越信号非常简单，可靠性较均线指标有效，特别是在股票市场上。但是比起背离和 KD 回归中线信号则要差些，大家可以根据自己的资金情况和风险承受能力选择相应效率的信号。

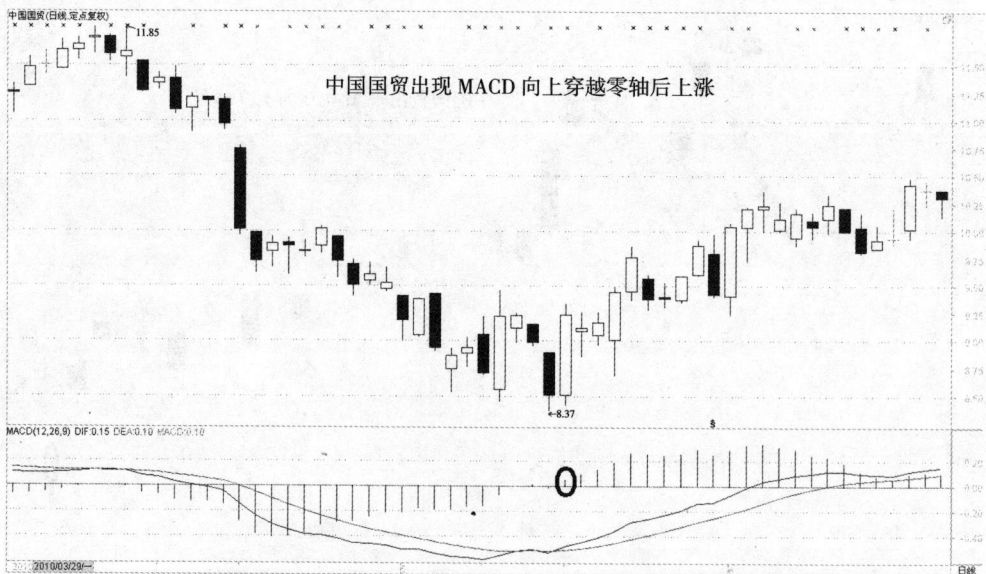

图 3-20　中国国贸出现 MACD 向上穿越零轴后上涨

星期四　捕捉起涨点的技术要点：底部量能特征解密

第一节　大盘指数底部量能特征

　　本章主要围绕底部量能特征展开。本小节我们先介绍大盘指数的底部量能特征，下一小节我们介绍个股的底部量能特征。一旦掌握了这些底部量能特征，我们就能先于一般股民更快地介入到一段上涨趋势中。

　　指数的底部有什么样的量能特征呢？股价下跌较长一段时间后，成交量出现至少半年左右的地量。当然这个标准也可以降低一些，根据自己的情况来掌握。地量出现之后三日内必须出现阳线，这样就能以很高的概率确定股价底部。我们来看一些具体的例子。多接触一些实例，下来之后大家心里就有底了，也能够更好地辨识底部。如图 4-1 所示，上证指数从高位下跌，跌到最近几个交易日出现了地量，地量出现三日内出现了阳线；这就是指数典型的底部量能特征，后市继续创新低的可能性非常小，这基本就是指数底部了，可以开始建仓。

　　上证指数出现底部量能特征之后，股指形成双底，然后快速上涨，形成一波新的牛市行情。如图 4-2 所示，上证指数在 1200 点附近放出天量，拉出一根大阴线，此后指数勉强上攻，花了很长时间创出新高，上涨动量明显不足，然后出现三连阴头部特征。

经典量能一周通

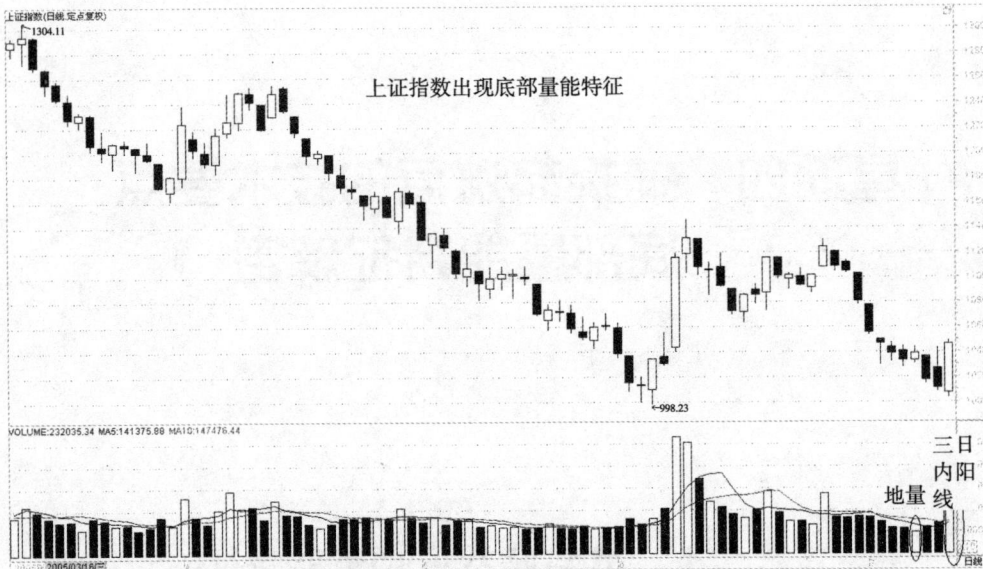

图 4-1　上证指数出现底部量能特征

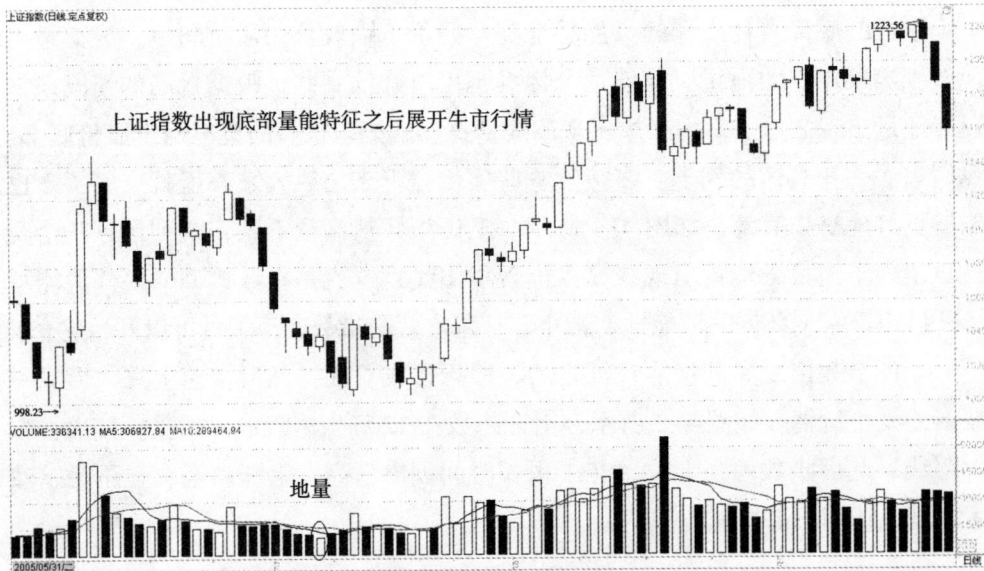

图 4-2　上证指数出现底部量能特征之后展开牛市行情

　　上证指数是国内外普遍采用的、作为中国股市代表的股价指数，所以我们这里重点演示这一指数的底部量能特征。我们来看上证指数的底部量能特征。如图4-3所示，上证指数从1223.56点高位下跌，跌到1067点附近出现较长时间的横盘整理走势，当股价第三次来到1080点附近的时候，地量出现了。地量出现后的第三天出现阳线，这符合了我们定义的指数底部量能特征："地量+三日内阳线"。指数一出现这种量能特征，则后市上涨的可能性很大。

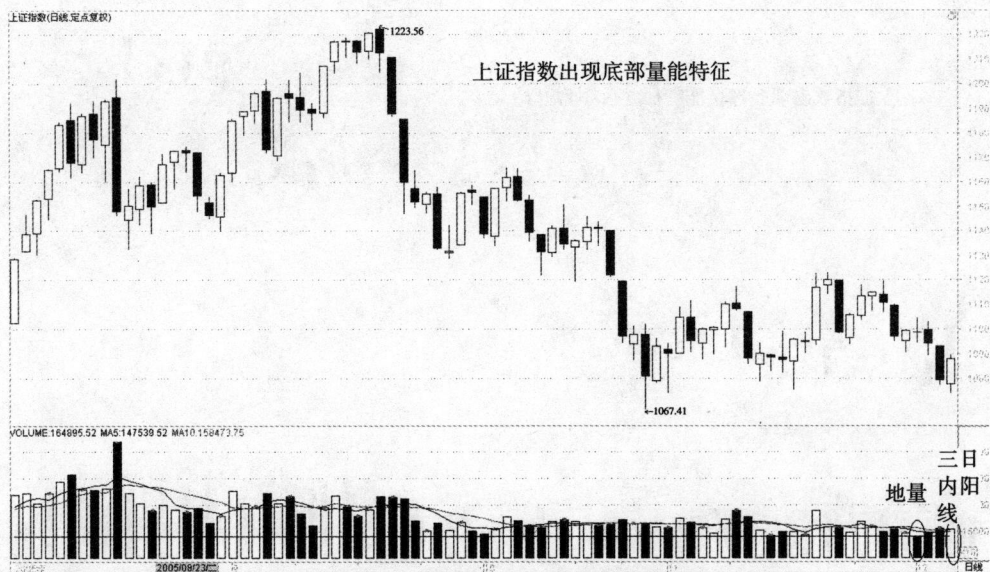

图4-3　上证指数出现底部量能特征

　　上证指数在 1080 点附近出现了底部量能特征，指数在这里企稳，形成较长一波牛市，如图 4-4 所示。伴随着股指上涨，成交量也开始由地量状态逐步温和放大。作为一个股民，能不能抓住这一契机，关键取决于股民对成交量的理解水平。

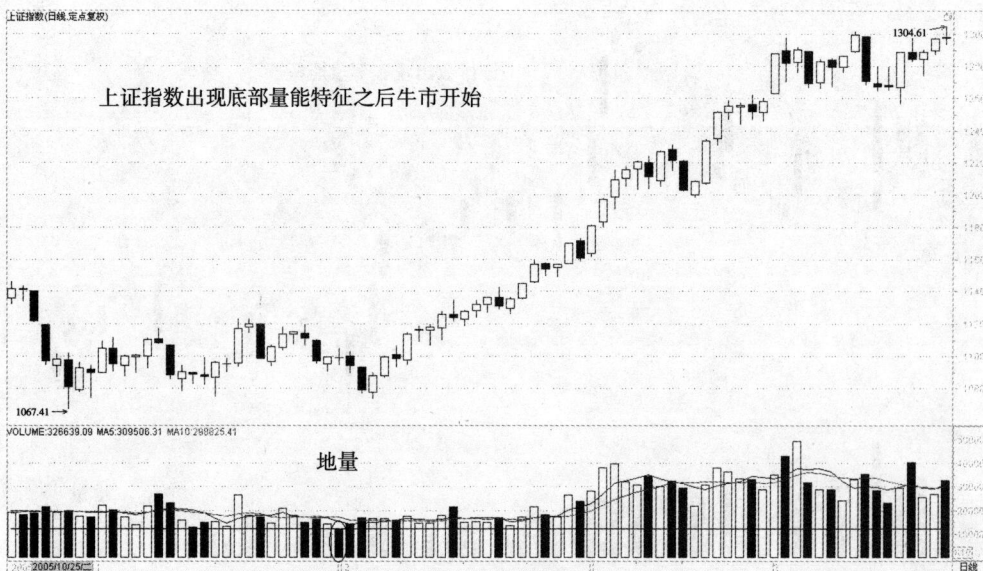

图 4-4　上证指数出现底部量能特征之后牛市开始

我们来看上证指数的另外一段走势，如图4-5所示。上证指数在一段上涨后出现了较大程度的调整，回落幅度较大，现在出现了地量，而且三日内出现了阳线，这就是典型的底部量能特征，意味着股指形成了上涨大级别趋势中的阶段性底部，指数继续上涨创出新高的可能性很大，上涨空间也很大。

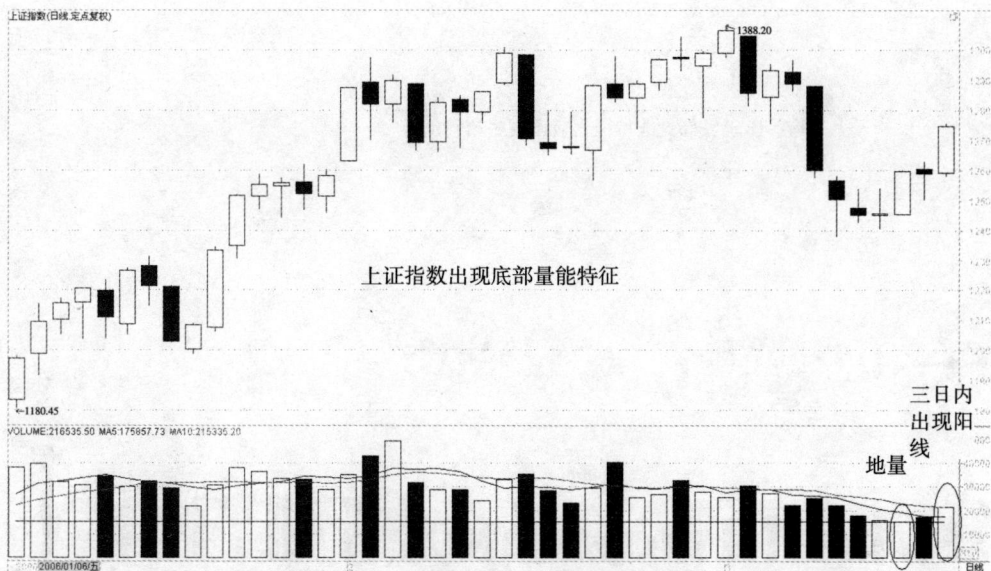

图4-5 上证指数出现底部量能特征

上证指数在上涨大趋势中出现了阶段性底部量能特征，此后指数果然展开更大幅度的上行走势，如图 4-6 所示。指数在最近一个交易日出现了流星形态，而且放出天量，谨慎的股民应该及时减仓或者平仓，等待市场进一步明确的涨跌信号。

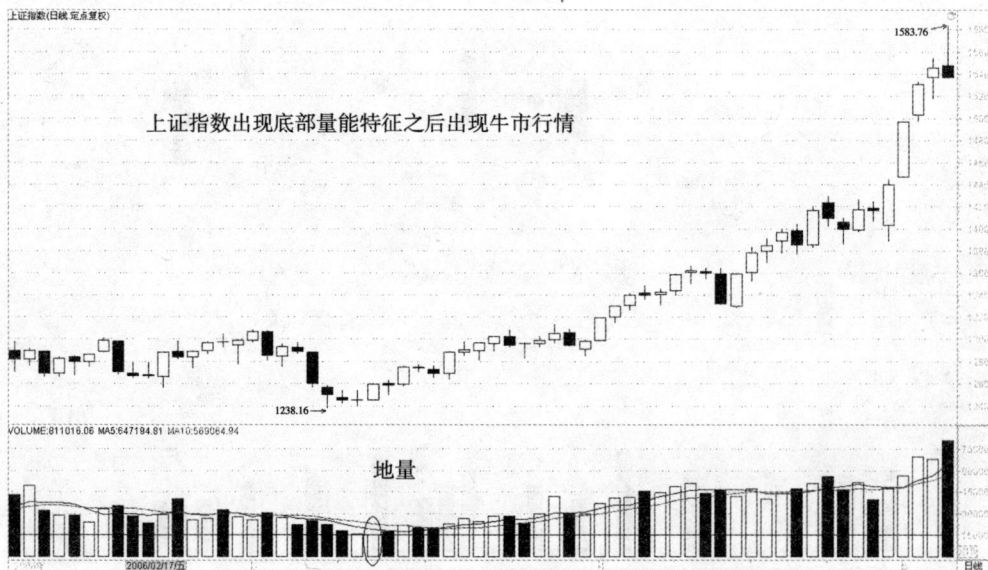

上证指数(日线 定点复权)

1583.76

上证指数出现底部量能特征之后出现牛市行情

1238.16

VOLUME:811016.06 MA5:647194.81 MA10:569064.94

地量

2006/02/17五

日线

图 4-6　上证指数出现底部量能特征之后出现牛市行情

　　上证指数从 1512 点附近上涨到 1757 点附近，然后再度下跌到 1550 点附近，如图 4-7 所示。股指跌到前期低点形成了地量，地量后的第三个交易日出现了阳线，这就是典型的底部量能特征。股指前期的低点形成了强支撑，而底部量能特征确认了这一支撑有效，后市上涨的概率很大。

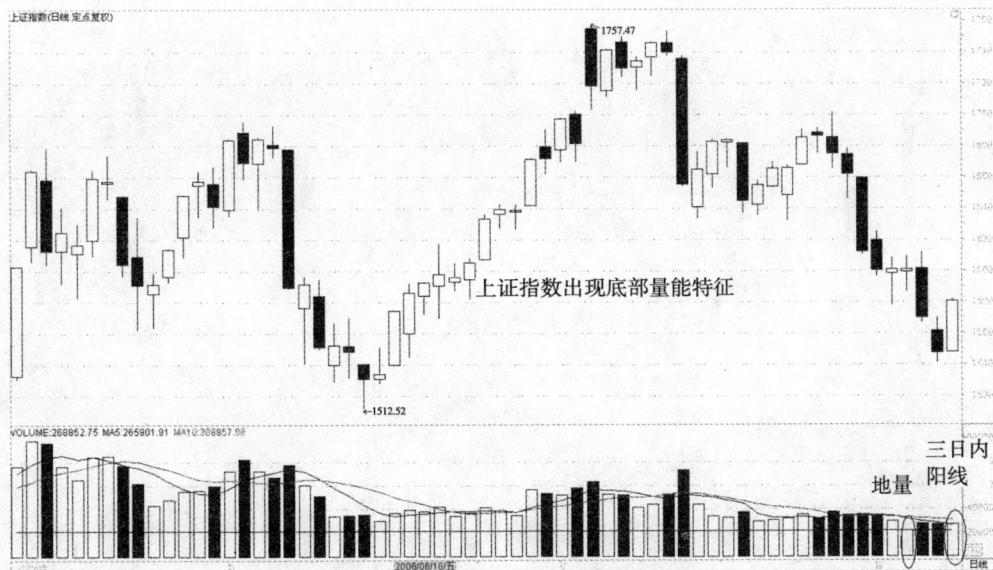

图 4-7　上证指数出现底部量能特征

上证指数在 1541 点附近出现了底部量能特征之后，指数一路高飞，最近一个交易日甚至跳空开盘拉出阳线，如图 4-8 所示。地量的出现意味着浮筹减少到极致了，表明现在的交投意愿降到了一个不太可能再低的情况，而阳线出现则表明股指有被拉动的迹象，这表明股指趋势方向可能发生改变了。

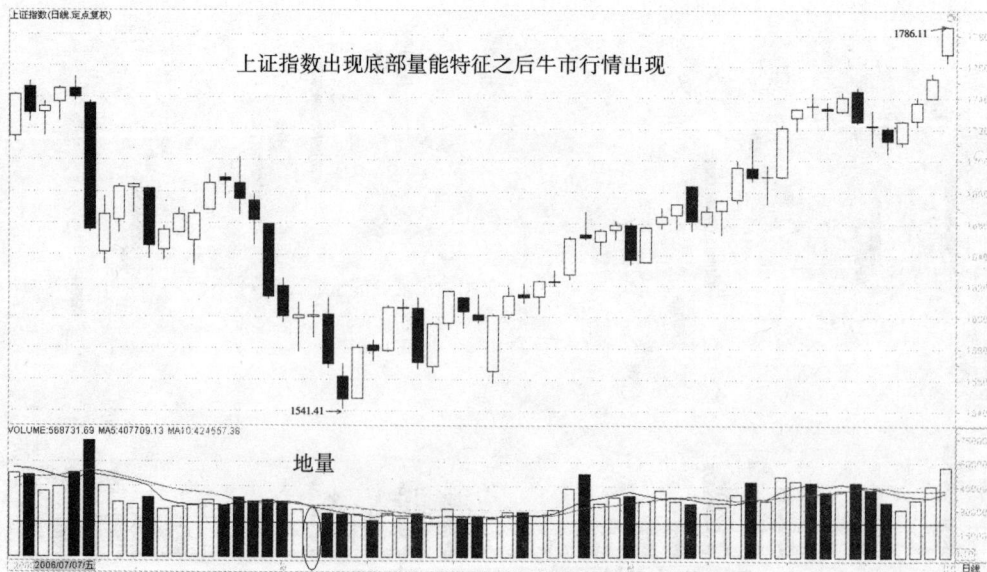

图 4-8　上证指数出现底部量能特征之后牛市行情出现

　　除了上证指数外，A股市场其他的大盘指数和板块指数也可以利用底部量能特征模式来确认底部，我们这里举深证成指的例子。如图4-9所示，深证成指从低位拉出一波气势如虹的大牛市，然后股指从13943.44点高位下挫，然后反弹，继而继续下跌。下跌到前期低点之上出现了地量，而且地量次日就出现了阳线，最近四个交易日形成了早晨之星走势，后市强烈看涨。

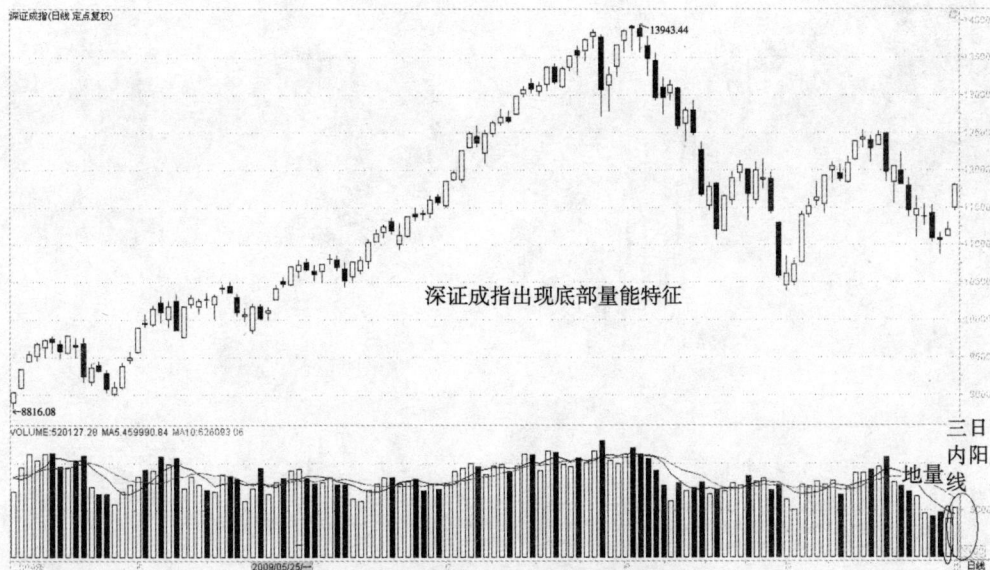

图 4-9　深证成指出现底部量能特征

深证成指在 11000 点附近形成底部量能特征之后，股指出现了一波小牛市行情，如图 4-10 所示。深证成指这波上涨出现了两次较显著的回调，但是回调低点都越来越高，表明趋势向上。但是股指从 14096.87 点附近下跌后创出新低，然后反弹，再度下跌，形成了一个头肩顶形态，此后深证成指跌破此头肩顶形态颈线，创出新低。这波下跌的起点基本上就是前期高点附近，也就是说前期高点附近存在很大的抛压。

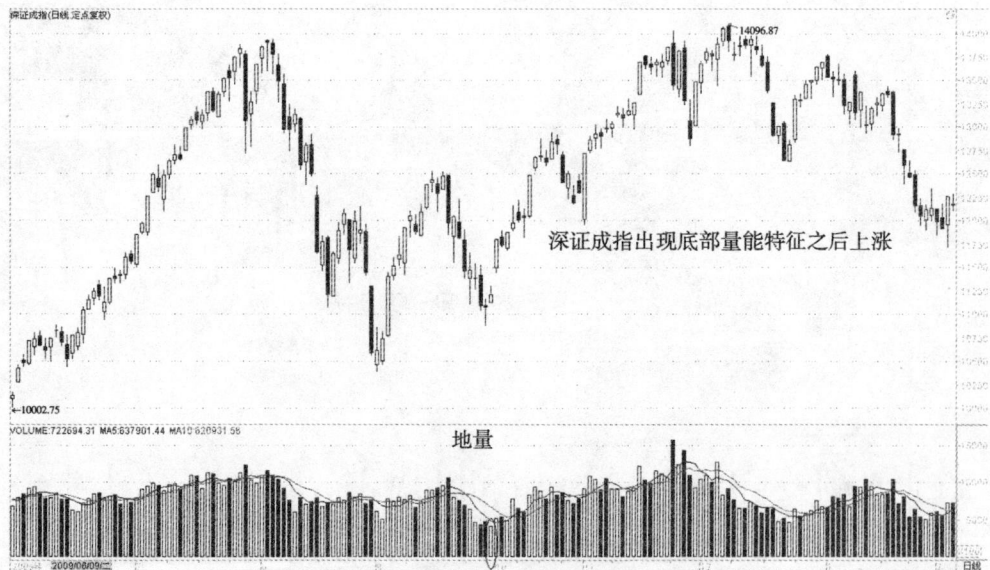

图 4-10　深证成指出现底部量能特征之后上涨

第二节 个股底部量能特征

上一小节，我们介绍了大盘指数底部量能特征，现在介绍个股底部量能特征。个股底部量能特征与股指底部量能特征基本上是一样的。个股出现底部的时候，成交量一般会呈现地量，不久之后（一般是地量出现三日内）出现阳线，这就是个股底部量能特征。基本上与指数底部特征是一致的。下面我们来看具体的实例，如图 4-11 所示，方圆支承从 15.2 元高位下跌，一直跌到 10 元整数关口。在接近 10 元关口的时候，成交量已经萎缩到了地量水平，三个交易日内出现了阳线，这就是典型的个股底部量能特征，后市筑底上涨的可能性很大。

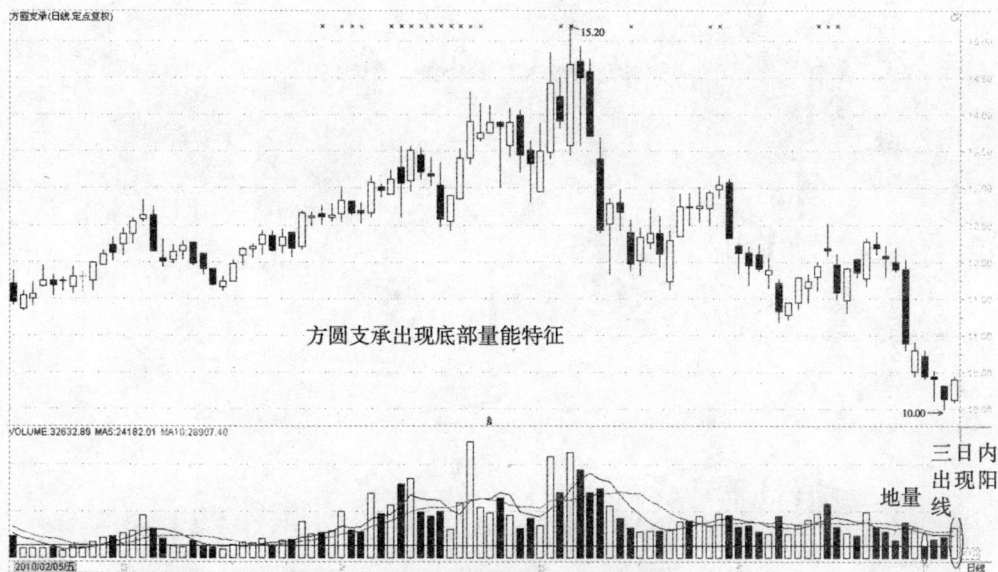

图 4-11 方圆支承出现底部量能特征

　　方圆支承出现底部量能特征之后，股价果真筑底上涨，如图 4-12 所示。高位下跌的时候，方圆支承的成交量逐步萎缩；从低点上涨的时候，方圆支承的成交量逐步放大，这就是市场的节奏，是大众的"呼吸节奏"。方圆支承这波上涨中，股价放出几次较大的量，但是相比起此前的放量还算温和，因此后市继续上涨的可能性很大。

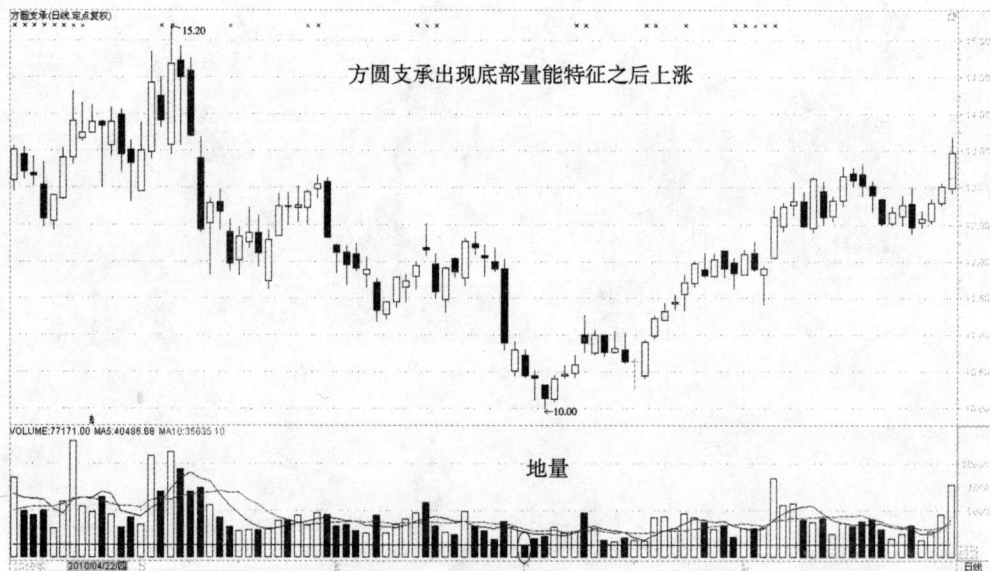

图 4-12　方圆支承出现底部量能特征之后上涨

　　黄金股在最近几年的股市中一枝独秀，不过紫金矿业表现却并不出色。如图 4-13 所示，紫金矿业从 9 元高位连续下跌，连像样的反弹都没有。下跌途中还有两次显著的放量，这表明资金出逃非常明显。股价跌到 2.77 元附近出现了地量，表明浮筹减少到了极致，卖出意愿下降到一个显著水平。地量出现之后第二个交易日出现了阳线，这样个股底部量能特征要件就全部具备了，股价筑底上升的可能性很大。

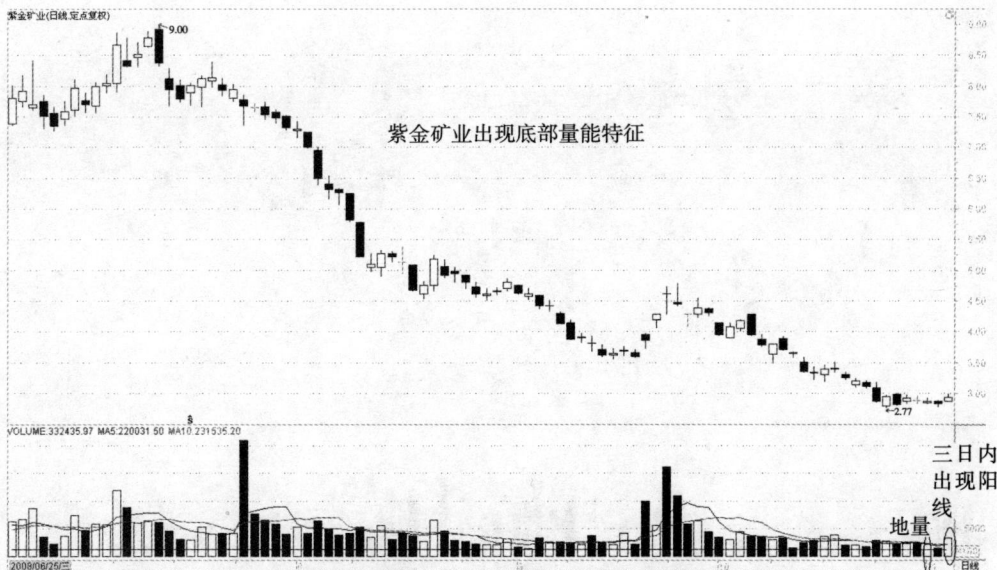

图 4-13　紫金矿业出现底部量能特征

紫金矿业出现底部量能特征之后，股价逐步上扬，上涨途中调整比较充分，上涨后紧接着短暂的回调，使得进一步上涨的压力较小，如图4-14所示。紫金矿业目前处于高位，有进一步上涨的动量，但是需要对此后上涨持有一定的耐心，毕竟该股此前上涨走势显得不是很流畅。

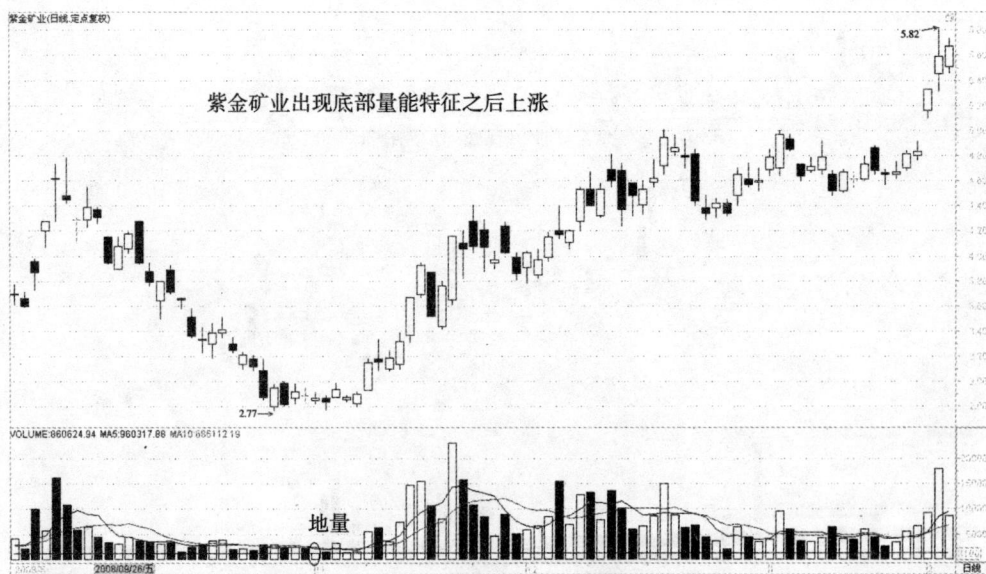

图 4-14　紫金矿业出现底部量能特征之后上涨

国投新集从 15.96 元的高位下挫，成交量在此水准显著放大，表明有主力出逃，如图 4-15 所示。股价跌到 9.63 元附近开始出现地量，此后一个交易日内出现阳线，底部量能特征具备，该股后市看涨。9.63 元附近股价受到了明显的支撑：第一个迹象是下影线较长；第二个迹象是成交量高度萎缩。既然跌不下去，我们可以选择轻仓进场买入。

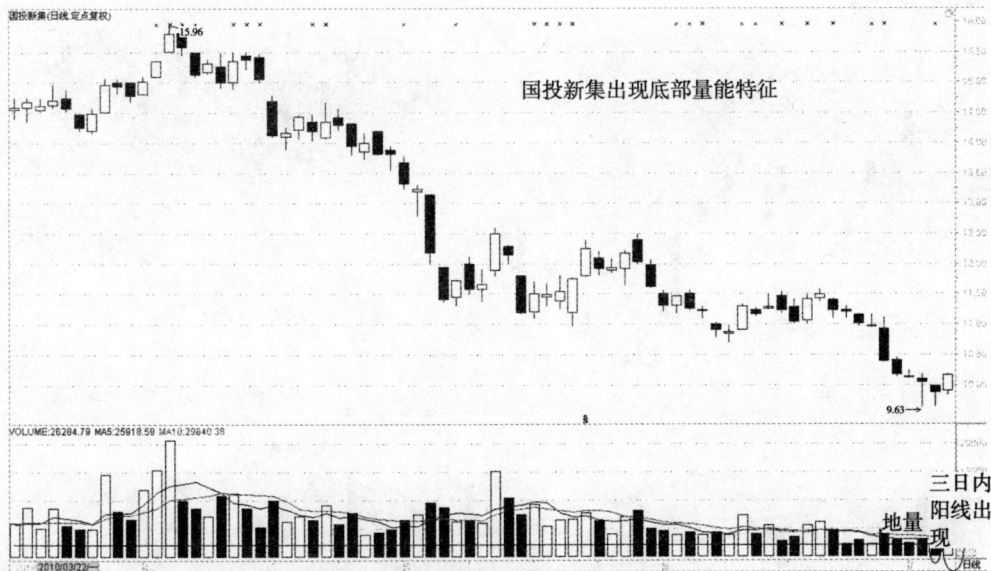

图 4-15　国投新集出现底部量能特征

　　国投新集出现"地量+三日内阳线"特征后，股价快速放量上攻，冲到前期高点12.5元附近遭遇抛压，长时间进行股价整理运动，如图4-16所示。在横盘整理期间股价有显著放量，类似于后面提到的天量，而且股价冲高后回落速度很快，所以该股继续上行阻力较大，因此在此位置尽量将仓位降到最低状态。

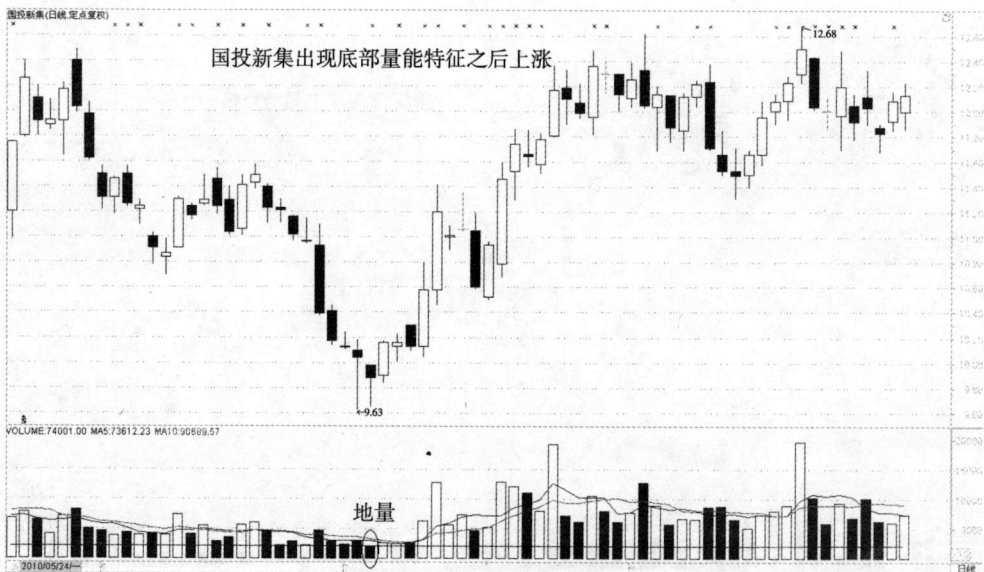

图4-16　国投新集出现底部量能特征之后上涨

　　中国远洋走出一波中长期下跌走势，如图 4-17 所示。下跌过程中每当股价破位下行，成交量就温和放大，这表明股价下跌是由于主动性卖盘增加而导致的。跌到 8 元整数关口之上，成交量萎缩到地量水平。但是地量出现三个交易日内并没有出现阳线，所以不具备我们这里所讲的底部量能特征。如果按照本节的知识，底部量能特征就确认不了，自然也就不能按照本节的知识进行操作。但是，我们仔细看，会发现股价在 8.19 元低位附近出现了"看涨吞没"，股价上涨的同时成交量也放大了，按照我们在《经典 K 线一周通》的方法，这里可以根据看涨吞没进行买入操作。当然，短线股民得到的看涨信号越多，则买入后获利的机会就越大。

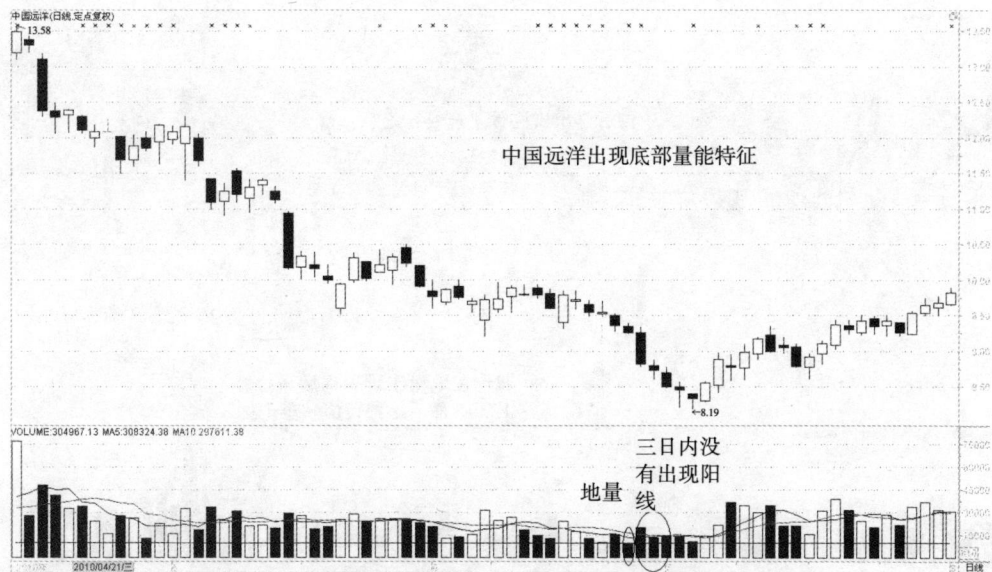

图 4-17　中国远洋出现底部量能特征

　　中国远洋在地量出现超过一周后才出现阳线，股价由此展开上涨序幕，如图 4–18 所示。像这种上涨模式可以通过其他技术分析手段把握，却不能通过我们本小节提供的方法来把握。无论任何炒股方法都不能把握所有上涨行情，同时规避所有下跌行情，只能在其能力范围之内展开操作。这就好比每个人都有自己的能力局限一样。

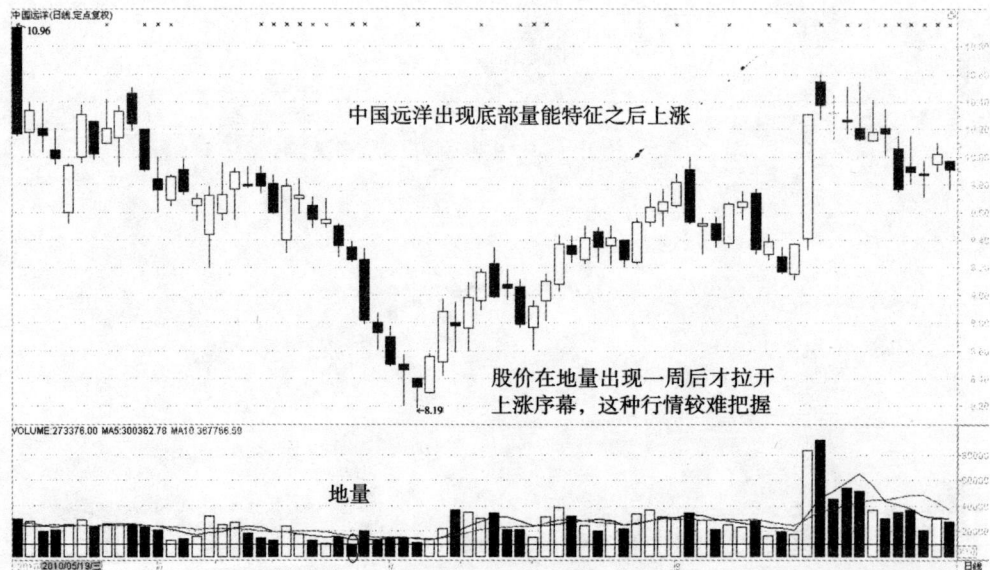

图 4–18　中国远洋出现底部量能特征之后上涨

最后我们再来看一个实例，如图 4-19 所示。万科 A 从 9.78 元高位快速下跌，刚开始跌势较缓，跌破前期低点之后，下跌加快速度。跌到 6.8 元附近开始横盘整理，先后形成两个地量水平 A 和 B，两处成交量水平一致。但是地量 A 之后三日内没有出现阳线，所以不符合我们的底部量能特征辨识标准。地量 B 出现后三日内出现了阳线，符合底部量能辨识标准，所以我们可以初步确认这就是底部。

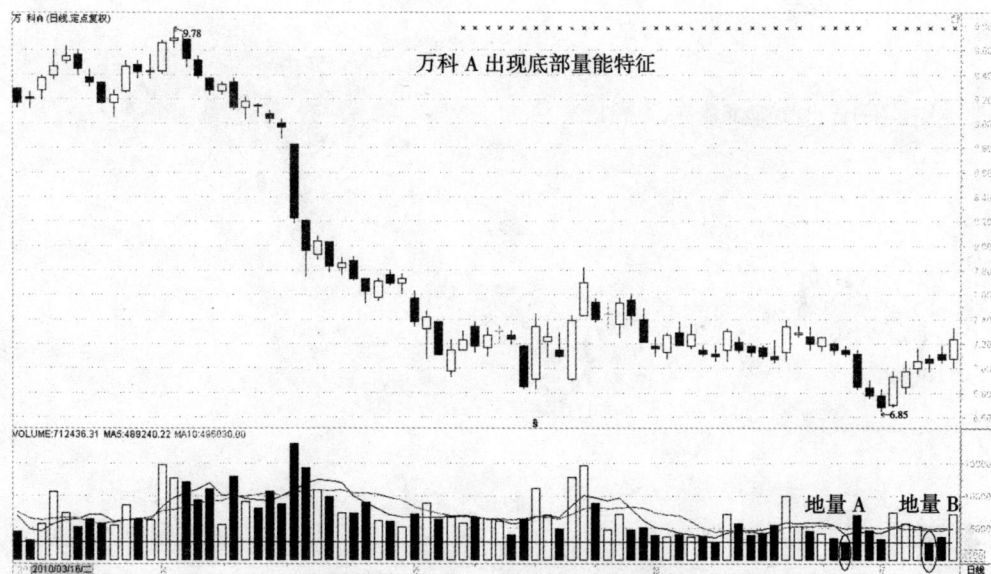

图 4-19　万科 A 出现底部量能特征

万科 A 出现地量 B 后，底部量能特征得到确认。此后股价快速上冲，形成一波凌厉的走势，如图 4-20 所示。股价向上冲高过程中又一次较大幅度地回调，然后快速上冲到 9 元附近，股价不久之后逐步下跌，出现一日反弹，很快夭折，看来上涨走势告一段落。

无论是指数底部量能特征，还是个股量能特征，都必须注意两个要点，缺一不可：一是下跌走势出现地量；二是地量出现后三日内出现阳线，当然如果是放量阳线更好。

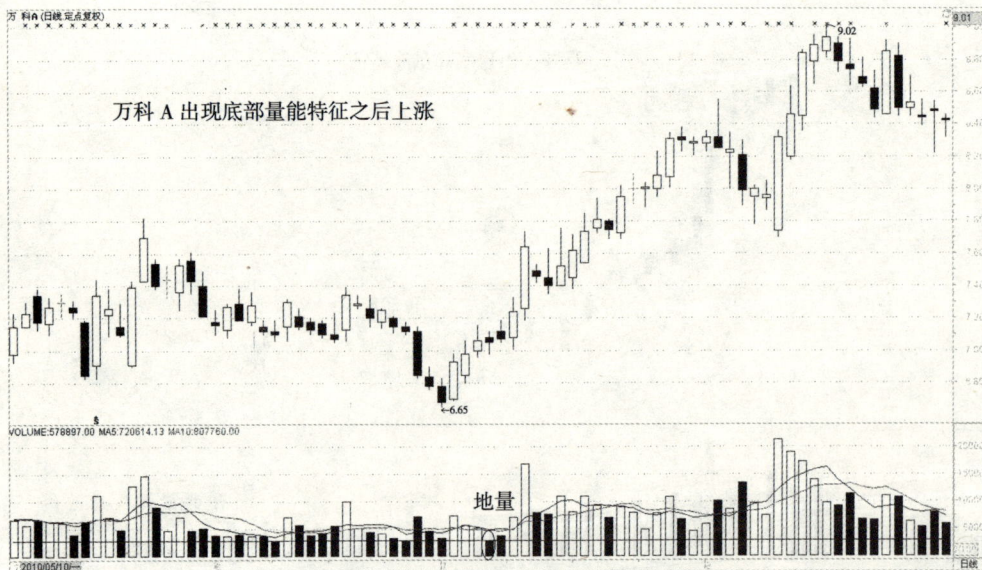

图 4-20　万科 A 出现底部量能特征之后上涨

星期五 把握大波段机会的技术要点：上涨趋势量能特征解密

第一节 大盘指数的上涨趋势量能特征

上涨趋势量能特征可以帮助我们把握持仓，如果知道股指或者个股会继续上涨，那么就应该继续持仓。很多股民都注重抓起涨点，却忽视了如何判断行情是否会持续上涨，这使得他们进场后坐立不安。起涨点一般跟进场有关，判断是否继续上涨则跟持仓有关。不过，对于趋势交易者而言，只要行情继续上涨就可以入场。严格来讲，这里面存在一个风险报酬率问题。

大盘指数上涨趋势能够持续的量能特征要点有两个：①指数此前处于上涨状态，目前指数小幅度调整，相应成交量也缩小；②出现了一根放量阳线。下面，我们来看一些具体的例子，通过这些真实的例子来分辨出指数上涨趋势量能特征。第一个例子，如图 5-1 所示。上证指数在上涨到阶段性高点 1746.61 点之前处于显著上涨状态，在高点出现了"看跌吞没"形态，股价随之调整三日，调整幅度不大，相应的成交量逐步萎缩。调整三日后第一根放量阳线出现，这时候就表明上涨持续的可能性很大。此前有持仓的，见到这个信号可以继续持仓；此前没有持仓的，见到这个信号可以趁机买入。对于转势交易者而言，这个信号是继续持仓信号，对于趋势交易者而言，这个信号是开仓信号。

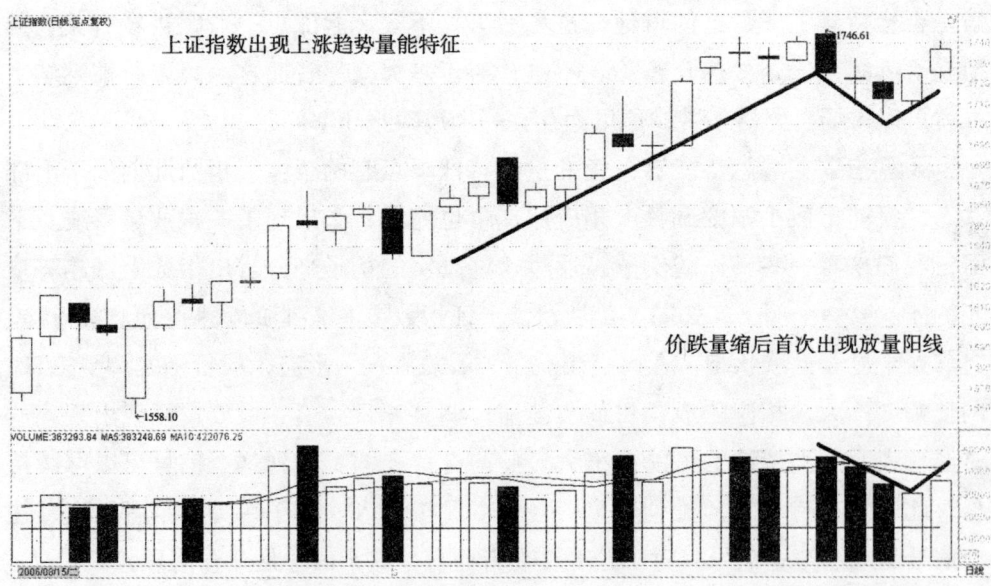

图 5-1　上证指数出现上涨趋势量能特征

上证指数在 1720 点附近出现上涨趋势量能特征之后，指数继续此前的上涨走势，如图 5-2 所示。指数连续拉出阳线，轻松突破此前高点，成交量正常水平放大，这表明突破前期高点并没有引来很多卖盘，也表明换手相对积极，买盘比较踊跃。突破的时候，成交量太大则容易出现后续乏力的情况；成交量太小则容易出现虚假突破的情况，因为这时候的突破一般是由于卖盘减少引发的，而不是买盘增加导致的，当然如果是主力高度控盘导致的缩量突破则另当别论。大家只需要记住：主力高度控盘的情况出现在个股，而不在大盘指数上。在图 5-2 中，沪指上升途中偶尔放出阴量，但是整体上升趋势完好，没有显著的向下突破，更重要的是没有反弹不过前高的情况。

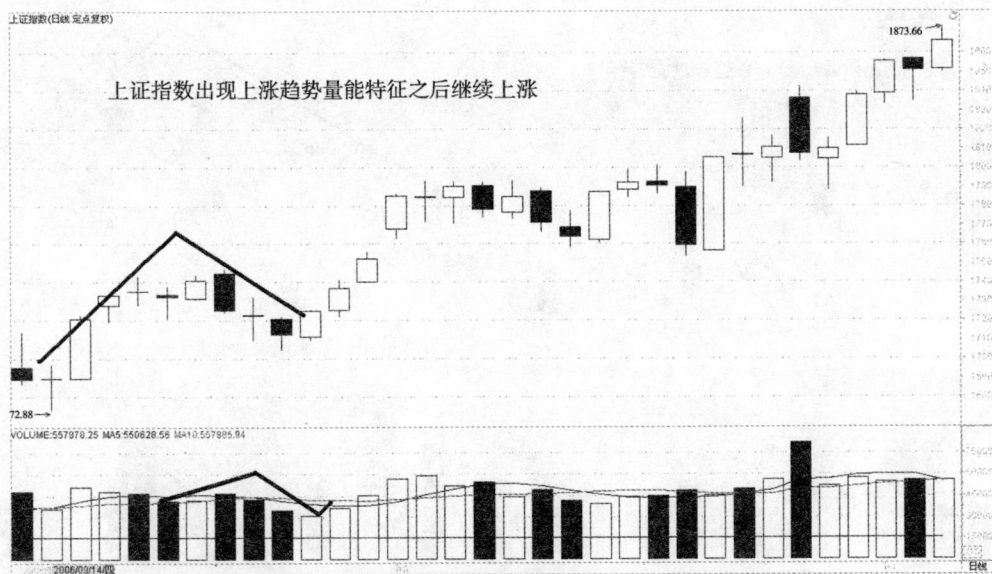

图 5-2 上证指数出现上涨趋势量能特征之后继续上涨

上证指数逐步从低位上涨到 1920 点高位，如图 5-3 所示。指数上涨到 1920 点附近时出现了较长的上影线，收出若干阴线，成交量也稍显放大，这表明抛压在增加，可能有一些获利盘涌出。指数连续调整两日，相应成交量递减。两日后阳柱量出现，表明有股民进场买入。更为重要的是这根阳线的下影线较长，表明下档承接有力，后市进一步上涨的可能性很大。一般而言，调整后如果指数倾向于进一步上涨，则会出现一个看涨 K 线信号，再结合我们这里的成交量形态就能很好地把握这个上涨机会，建立新仓或者坚守既有仓位。而且，到目前为止股指已经创出新高，创出新高的这根阳线收于最高价，这表明买盘力量是充足的，后市继续上涨的动量进一步得到确认。

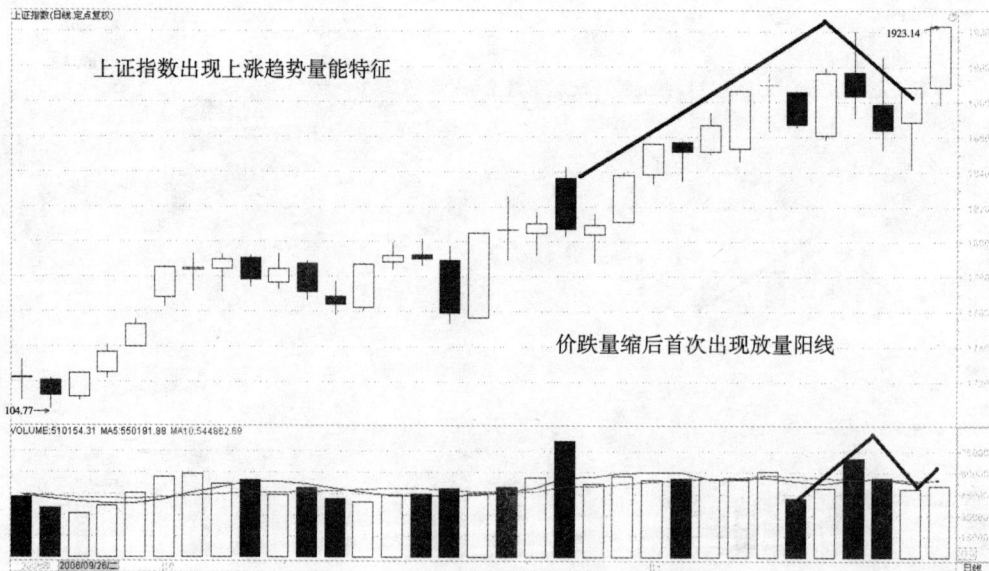

图 5-3　上证指数出现上涨趋势量能特征

　　如图 5-4 所示，上证指数在 1920 点附近出现了持续上涨量能特征之后，也就是说价跌量缩，同时量缩到一定程度的时候，出现了阳线。指数随后放量突破此前高点，持续上涨的走势一目了然。指数上涨过程中一旦遭遇卖盘，次日一定能够完全消化这些卖盘，从 K 线走势上就能看出来。比如指数在 1980 点下方遭受抛盘，当天盘中冲高回落，形成长长的上影线。此后，指数快速上冲吃掉了前一天的上影线。上影线是抛压沉重的标志，但是如果次日能够以阳线吃掉，则后市向好，这时候就不能定义前一日的阳线为"流星"，而被称为"仙人指路"。这点诀窍大家可以在日后的股票短线操作中慢慢体会，逐渐就会得到自己的一些心得，运用起来也会得心应手。抓住"仙人指路"，也可以获得一些趋势持续中的买点。

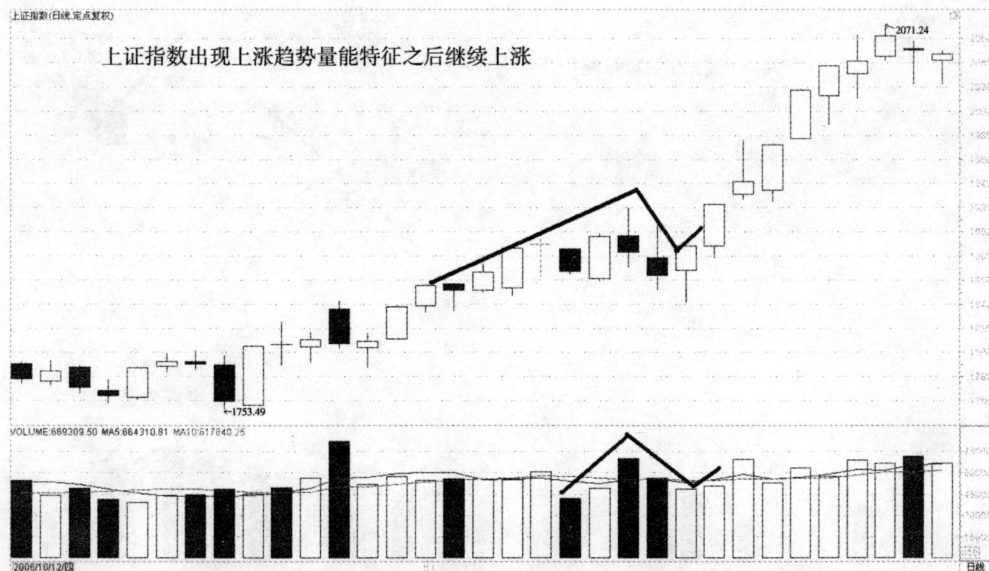

图 5-4　上证指数出现上涨趋势量能特征之后继续上涨

上证指数上涨到 2200 点，指数此前一直处于温和放量上涨的状态。上涨到 2200 点这个阶段性高点之后，指数出现了流星线和吊颈线，是看跌形态，股价继续显著下跌一日，如图 5-5 所示。相应的成交量逐步萎缩，这表明随着股指下跌，买盘逐步萎缩，卖盘是相对没有变化的。买盘为什么会萎缩呢？主要原因是上涨一段时间后，买盘积极性下降，需要修正，等待指数回落以便吸引新的买盘。股指下跌到 2100 点附近，出现放量阳线，将此前一根阴线吃掉，形成看涨吞没形态。此后，股指继续上涨，以小阳线突破此前高点，创出新高。这里有三个特点：第一，此前上涨，现在价跌量缩；第二，跌到一定程度，出现看涨 K 线形态；第三，跌到一定程度，阳线出现。如果你根据这三点去股市中寻找机会，是很容易找到的。

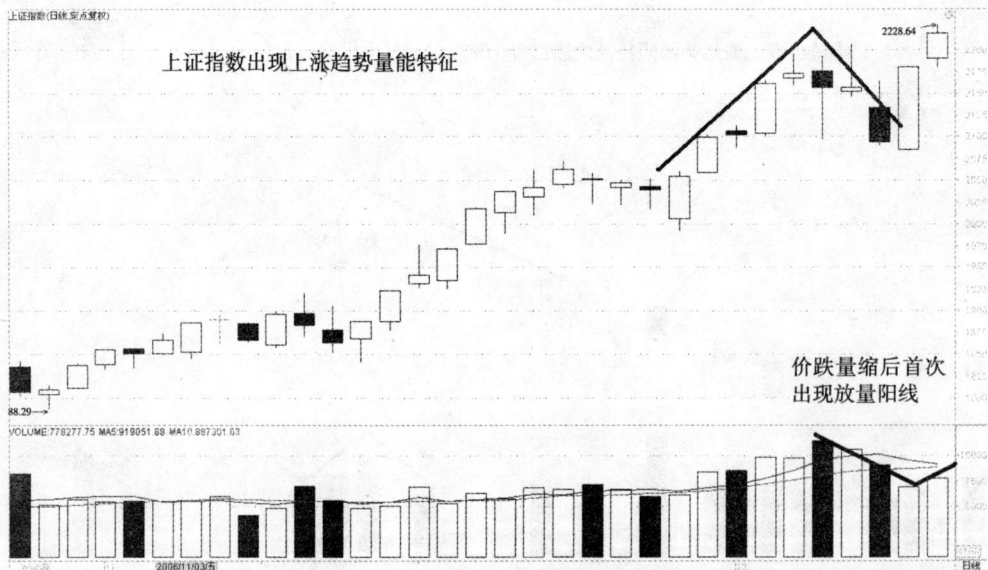

图 5-5 上证指数出现上涨趋势量能特征

　　上证指数在 2200 点附近出现了持续上涨量能特征，股指一路上扬，虽然有单日小调整，但是整体上涨趋势明显，如图 5-6 所示。其实，所谓的持续上涨量能特征，就是股指调整后还能够上涨的特征。对于一般股民而言，股指和个股一旦调整，股民就容易担心是不是转向了。有了我们在本书介绍的方法，大家就可以消除绝大部分这样的担心。抓起涨点，难不？很难！知道行情是反转还是修正，难不？很难！不过，本书可以帮助你在很大程度上解决这一问题！在本例中，为什么我们认定是修正而不是反转呢？第一，此前走势上涨，走势具有惯性；第二，现在股指调整，但是并未将此前所有涨势吃掉；第三，现在股指调整时成交量逐步萎缩，表明卖盘并不积极；第四，修正后出现了看涨 K 线形态；第五，修正后出现了阳线，表明新买盘进场了，后续有力。

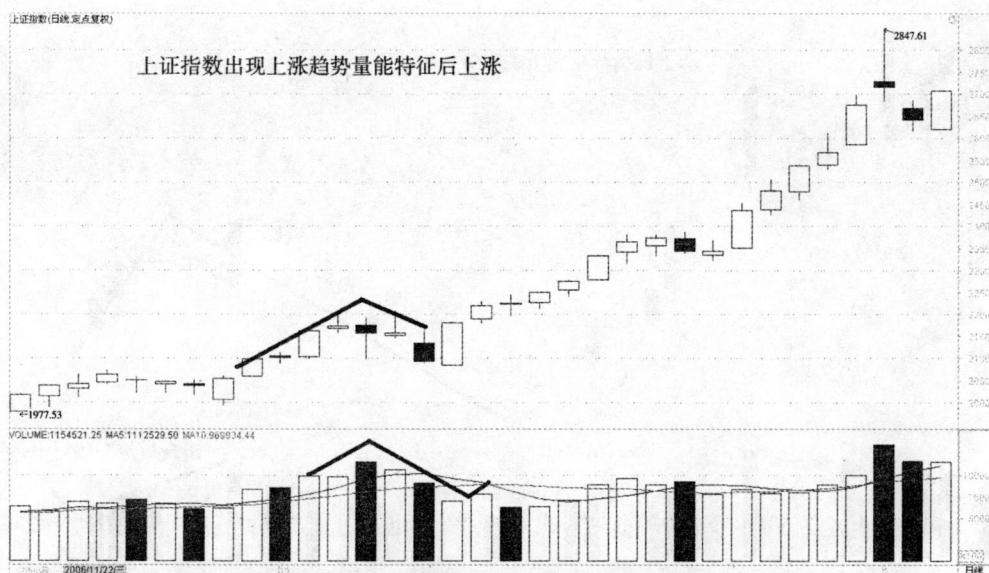

图 5-6　上证指数出现上涨趋势量能特征后上涨

上证指数从高位下跌，跌到 2890 点附近开始上涨，直到 3100 点附近出现价跌量缩，如图 5-7 所示。2890 点附近的"看跌吞没"开启了调整，调整初期股指较为抗跌，但是很快进入了快速下跌过程。下跌后成交量萎缩到一个显著水平，直到最近两个交易日股指拉起，出现阳线。综上所述，上证指数目前已经具备了上涨趋势量能特征，后市恢复上涨的可能性很大，短线股民可以趁机介入。本例中股指拉出阳线回升的位置，也就是 2950 点附近存在支撑，怎么看出来呢？股指此前在上涨过程中在这个地方有盘中调整，收出长下影线，次日一根大阳线吞掉整个阴锤头线，这小段走势就表明了下档存在很强的支撑。果然，现在股指运行到这一水平时，买家再度进场干预。

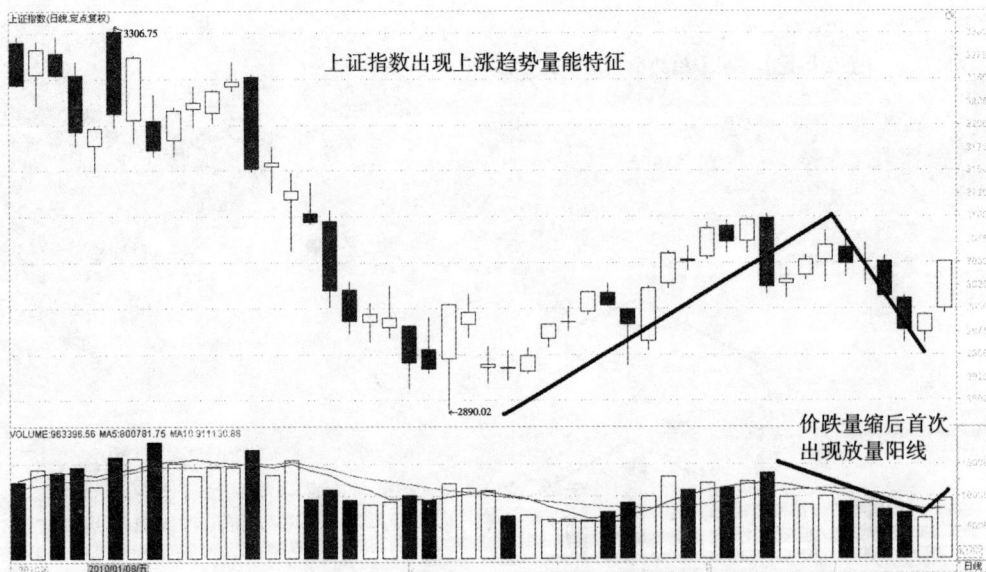

图 5-7 上证指数出现上涨趋势量能特征

　　上证指数在3000点附近出现了上涨趋势量能特征之后，股指曲折上涨。上涨过程中经过又一次的调整而突破前期高点，如图5-8所示。上涨途中在接近前期高点的时候，股指出现"看跌吞没"，很快回落。但是股指并没有跌破前期低点，继而出现"看涨吞没"，股指迅速拉起，向上突破前期高点，创出新高。可以看出，最近几个交易日股指最高达到3177.97点。现在股指出现了传统K线理论中"三只乌鸦"形态，下跌过程中，成交量并没有萎缩，表明短期内的下跌能量还没有释放完成，后市走势不容乐观。

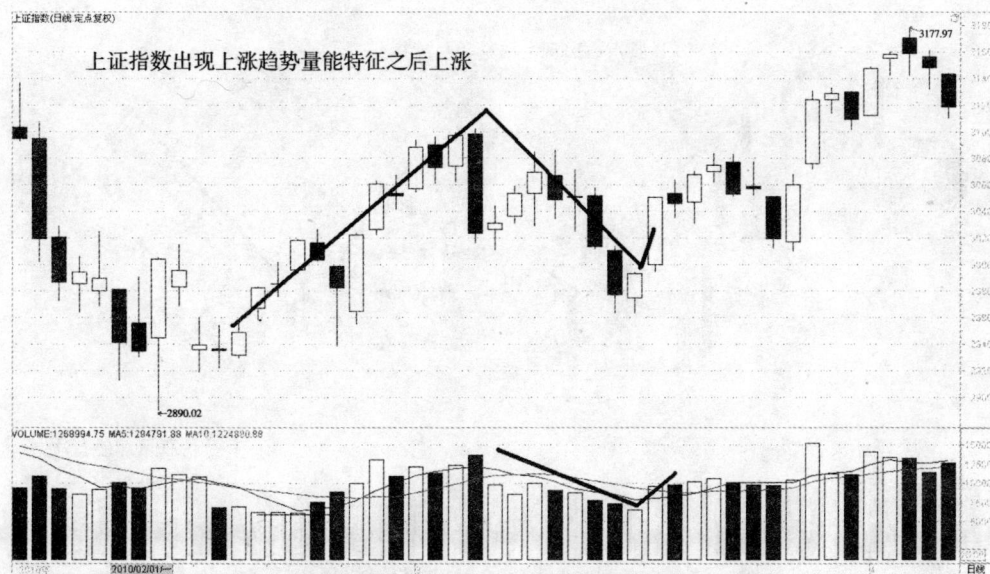

图5-8　上证指数出现上涨趋势量能特征之后上涨

前面都是介绍的上证指数上涨趋势量能特征，下面介绍一些其他指标上涨趋势量能特征。无论何种股票指数，在判断是否继续上涨的方法上基本是一样的，都是按照"前期上涨"、"价跌量缩"、"出现看涨K线"等几个要件来判断。按照这几个要件，我们来看B股指数继续上涨的量能特征。如图5-9所示，B股指数一般受到宏观股民的青睐，因为他们通过观察B股以及H股的整体走势来推测A股的整体走势。所以，虽然A股股民一般不会直接操作B股，但是会通过B股走势来观察A股走势。图中B股指数从高位下挫到184.05点位置，很快大阳线拉起。这根大阳线同前面三根K线结合起来观察，是一个十分明显的"复杂早晨之星"形态。为什么说是"复杂早晨之星"呢？因为其中的星体部分不是由一根K线组成的，而是由两根K线组成的。此复杂早晨之星的星体部分既是股指低点，也是成交量低点，相当于是地量。地量出现之后，股指被一根大阳线拉起，表明买盘大力进场抢筹。第一起涨点有什么特点呢？对于股指而言，一般都是地量后紧接着出现大阳线，牛市行情一般都是这样开始的，大家要记牢了这个诀窍。B股指数从184.05点这个低位开始上涨，涨到210点附近出现一轮调整，下跌到190点附近企稳回升，低点抬高了，表明空头力量减弱。这时候一根阳线大力拉升，一波新的上涨展开。上涨到214点下方出现回落，相应成交量也逐步萎缩，之后一根放量大阳线，宣告新一轮上涨开始。

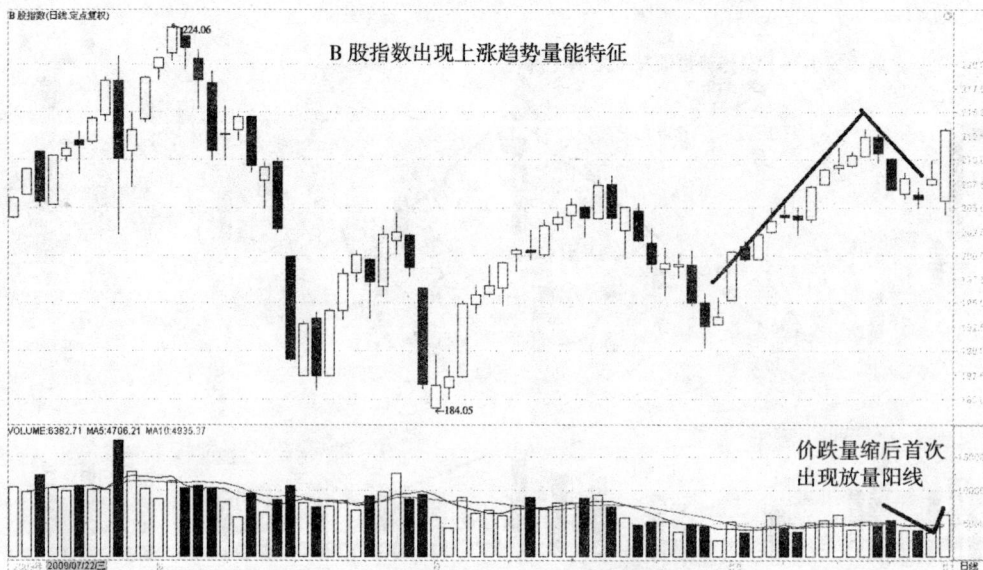

图 5-9　B 股指数出现上涨趋势量能特征

　　B 股指数出现了上涨趋势量能特征之后，指数重新步入上升轨道，如图 5-10 所示。上涨角度开始比较平缓，基本是以小阳线缓慢上涨。在这个上涨过程中有一次持续了一周的调整，调整幅度较小，调整低点显著高于此前高点。股指上涨到 230 点突然出现大幅拉升，拉升后股价停滞不前数日，窄幅整理。窄幅整理之前天量就已经放出，主力出逃的可能性很大。因为天量往往是散户疯狂抢货，主力大批出货的表现。果然，不久之后股指快速下挫，收出一根大阴线，这时候散户也开始出逃了，后市继续下跌的可能性很大。天量是我们非常重视的一个信号，一般而言，如果成交量放出了半年内的最大量，次日又不能继续放出更大的量，则见顶的可能性很大。

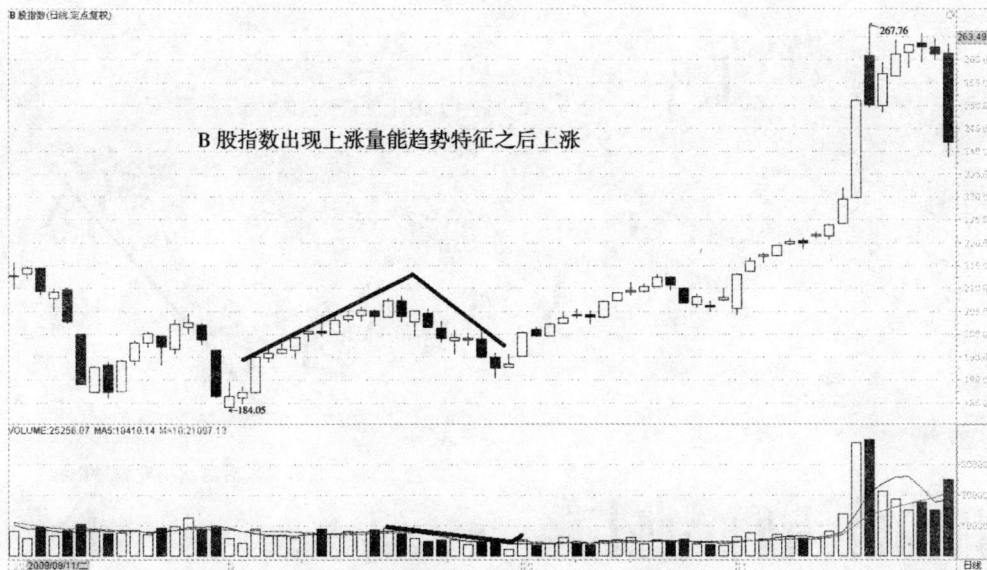

图 5-10　B 股指数出现上涨量能趋势特征之后上涨

第二节 个股上涨趋势量能特征

上节我们分析讲解了指数上涨趋势特征，在本节我们围绕个股上涨趋势特征展开。其实，无论是对期指操作者（以及指数基金操作者），还是个股操作者而言，指数走势都是需要密切关注的。股指与期货相互之间有指引意义，这自不用说。对于个股操作者而言，指数属于系统性风险，要想在个股操作中规避风险，赚取利润，就必须关注指数，所以上节的内容对于个股操作者也是很重要的。个股上涨趋势特征与指数上涨趋势特征基本一致：此前个股处于上涨走势，调整幅度小于此前上涨幅度，而且价跌量缩，一根阳线在调整末期出现，最好出现了看涨 K 线形态。

下面，我们来看一些具体的实例。如图 5-11 所示，ST 中冠 A 从低点 6.25 元逐步上涨。低点 6.25 元处有很强的支撑存在，因为这个地方的 K 线有很长的下影线，同时还形成了一个小规模的圆弧底。股价从 6.25 元开始基本处于上涨

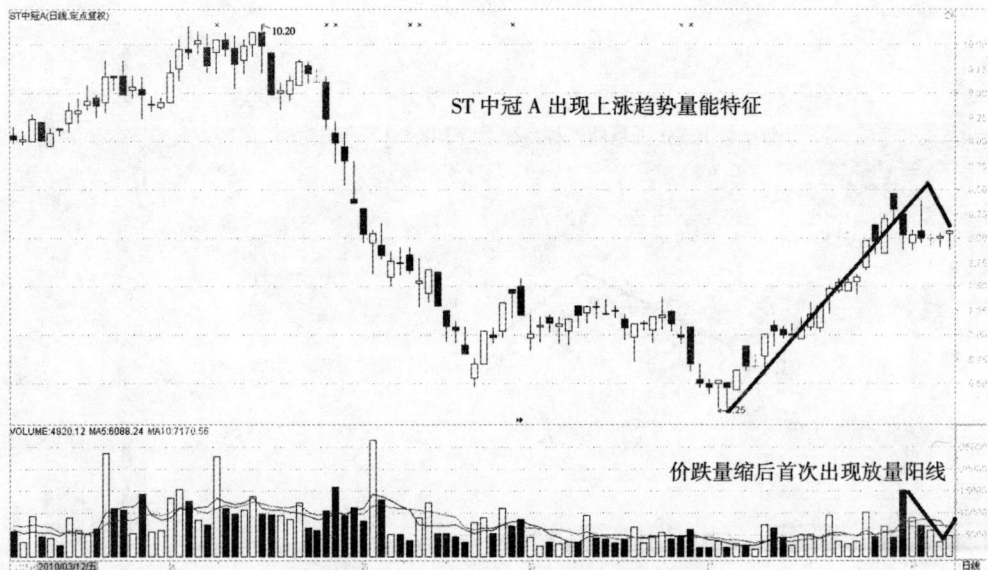

ST 中冠 A 出现上涨趋势量能特征

价跌量缩后首次出现放量阳线

图 5-11　ST 中冠 A 出现上涨趋势量能特征

状态，上涨到了 8.5 元时出现很小幅度的调整。此时是修正还是转势呢？成交量放出了较高的量，但是相比于半年内而言，还有更高的成交量，所以不算是天量。更为重要的是调整过程中成交量相应萎缩，这表明新的买盘没有介入，很快出现阳线，这表明新的买盘介入了。在股价跌到 7.8 元上方时出现了下影线较长的 K 线，表明此处支撑强劲，后市继续看涨。

ST 中冠 A 出现上涨趋势量能特征之后，股价又整理了两日，然后快速拉高，突破前期高点，如图 5-12 所示。股价在 9.5 元附近放出天量，而此处接近前期高点 10.2 元，将这两个信息结合起来观察，可以发现个股进一步上涨将面临很大的抛压。明智的股民应该在这个位置附近至少了结部分仓位，以便减少暴露的风险。很多股民对于风险管理没有什么概念，认为这不过是"学术化"的东西。其实，风险管理对于股民是最为重要的事情，A 股市场不容易引发退市，这使得绝大多数股民对于风险管理基本上没有什么概念。股民面对最大的风险事件就是长期被套牢，而股民最不怕的可能就是长期套牢，因为他们忽视了资金的时间成本。股价运行中风险和报酬的比例关系是随时变动的，作为股民应该尽量跟随这种变动及时调整自己的仓位。当风险升高时，就应该降低自己的仓位。那么风险升高的具体情形有哪些呢？比如，股价在前期重要高点附

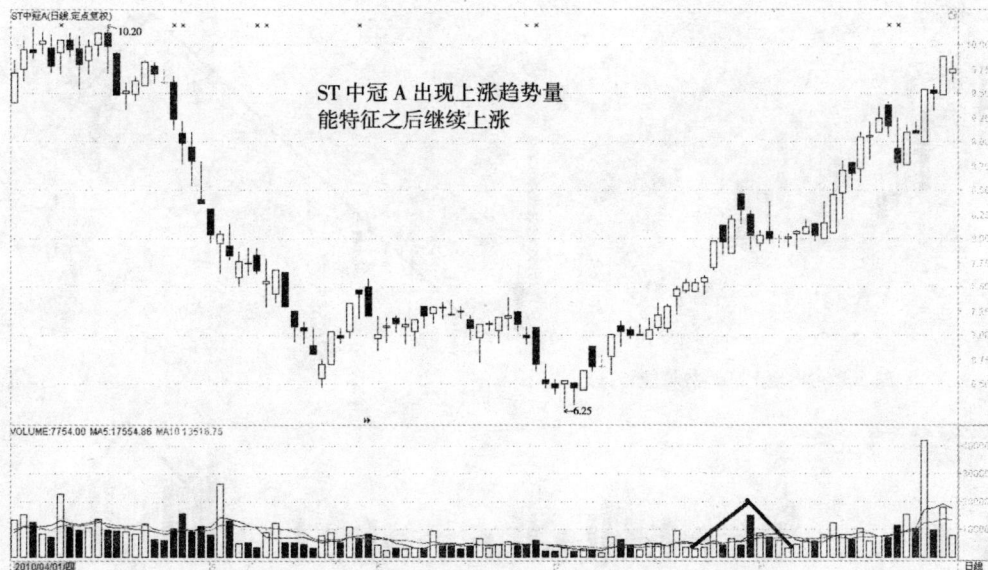

图 5-12 ST 中冠 A 出现上涨趋势量能特征之后继续上涨

近滞涨，出现天量，或者是出现流星形态；又比如板块指数面临重要关口考验，但是突破的可能性很小，这时候也要降低个股的持仓水平。在 ST 中冠 A 这个例子中，我们应该在当前减轻仓位，因为面临前期高点，出现天量，股价滞涨。

再来看第二个例子，如图 5-13 所示。深赤湾 A 从 11 元低点上涨，为什么会从这个位置上涨呢？11 元是一个整数关口，股价跌到这里，成交量萎缩到很小的状态，代表卖盘减少很多了，交投意愿下降，浮筹减少。K 线下影线很长，代表空方打压不下去了，接着放量阳线，主力进场，股价自然就能快速上涨。但是这个上涨过程并没有此前的下跌过程快，因为上涨中面临消化抛压的问题，上涨中不断有刚刚解套的盘子涌出来。股价以 45 度角逐步上扬，这样能够充分地消化卖盘。深赤湾 A 涨到 13.54 元高点，也就是与下跌前高点差不多的时候，面临较大抛压，成交量显著放大，股价开始调整。可以看到股价是跳空往下跌的，但是注意成交量快速萎缩，萎缩到一个较低水平的时候，阳线出现了。这根阳线恰好与前一日的阴线形成看涨吞没。综合上述这些信息，深赤湾 A 具备了继续上涨的特征，股民可以在此时进场买入，或者加仓。

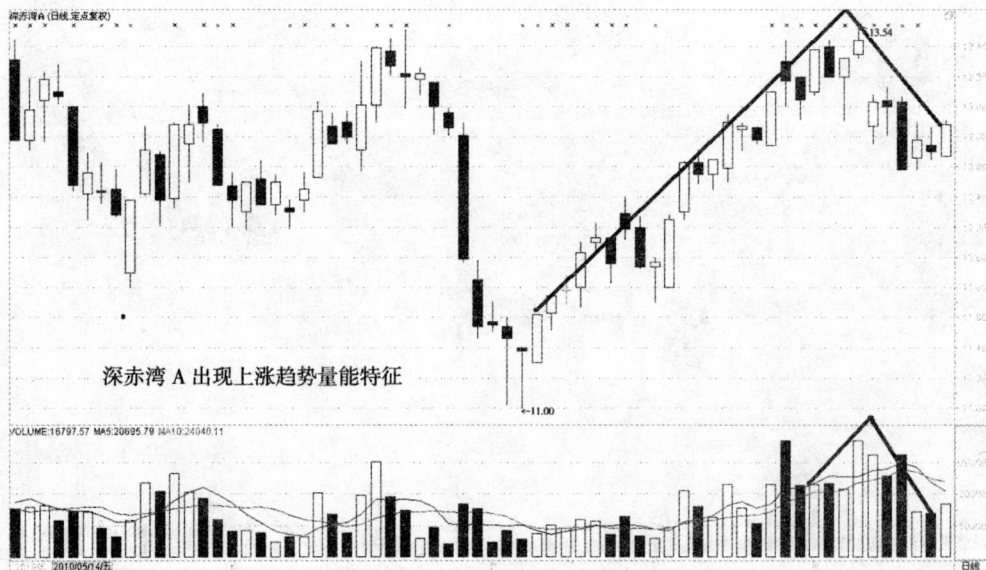

图 5-13　深赤湾 A 出现上涨趋势量能特征

深赤湾 A 出现继续上涨的量能特征之后，股价以大阳线快速拉升，在前期高点附近强势整理两日后，快速拉高，如图 5-14 所示。股价在修正末期出现大阳线，一般可以看作是阶段性起涨点，也就是说次低点出现的大阳线可以作为买入信号。当股价冲高至 15.5 元后回落时，成交量放出天量，K 线出现流星线，上影线很长，这表明抛压很沉重，风险上升，应该降低仓位，减少风险暴露。

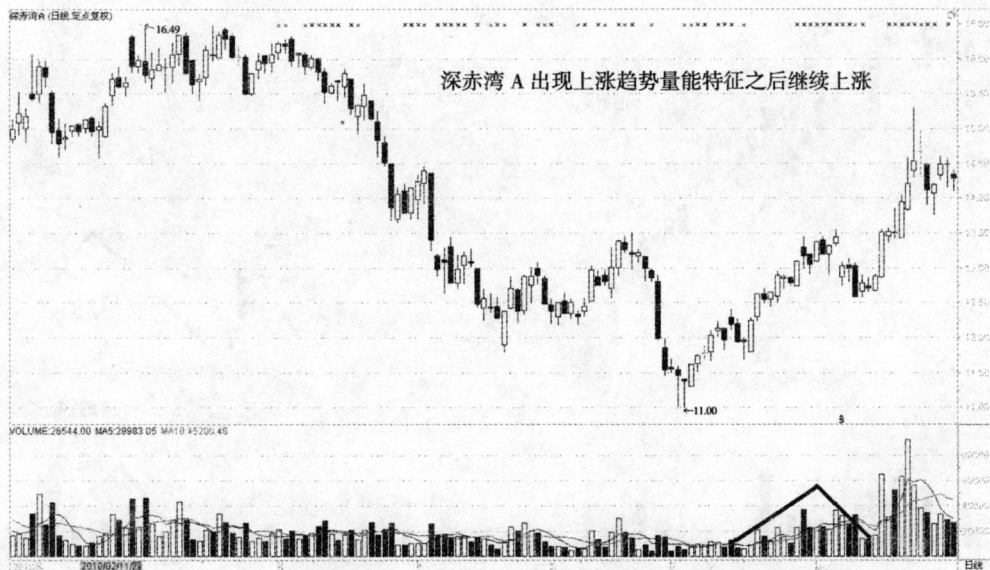

图 5-14　深赤湾 A 出现上涨趋势量能特征之后继续上涨

　　再来看第三个个股出现持续上涨量能特征的实例。新都酒店从高位缓慢跌到 5.5 元水平，然后开始长时间的区间整理走势，如图 5-15 所示。下跌过程中有一些显著的阴线放量，跌到 6.5 元附近才开始缩量，这表明前期阴线涌出的可能是散户盘子居多，解盘的可能也是散户。跌到 6.5 元，浮筹减少了，后来在6.2 元又一次大阳线拉升，拉升到 6.8 元很快夭折，盘中创下新低 5.53 元。但是，下影线很长，而且次日阳线拉升，感觉此前是主力初步吸筹后往下砸，发现浮筹减少后再度拉高吸筹。第二次吸筹这个过程引发股价缓慢上涨，上涨不久后再度下跌，成交量相应逐步萎缩，成交量跌到极点后出现放量阳线，这就具备了继续上涨的特征。

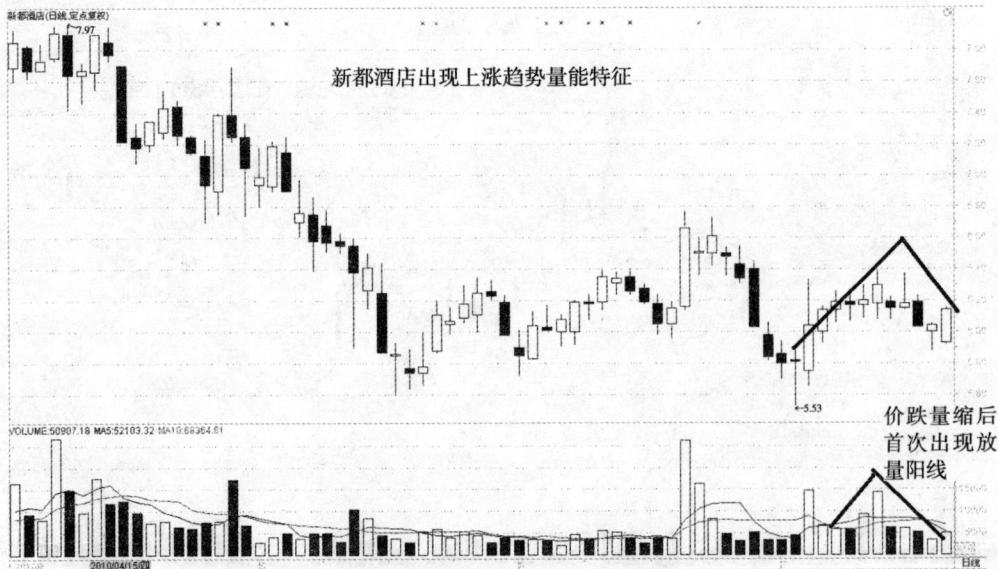

图 5-15　新都酒店出现上涨趋势量能特征

　　新都酒店出现继续上涨的量能特征之后，股价一路上涨，如图 5-16 所示。股价从我们进场那个位置涨起来，连续十来个交易日都是阳线，股价此后回落调整，但是很快拉起，形成了次低点，此后股价继续上涨的趋势很明显。从这个例子中我们学习到了一点新的东西：从下跌走势和下跌的整理走势中寻找主力进出的迹象。在绝大多数股民眼中，技术分析就是刻板的指标加上一些 K 线定式，如此而已。他们完全忽略了行情走势的独特性，忽略了个股背后走势的主导力量，只有透过股价和成交量这一系列现象，洞察到背后的市场主力意图，才能真正持续地从个股短线操作中赚取利润。那么，怎么去分析量能特征背后的主力意图呢？要寻找那些显著放量的地方，结合前后看看主力是进入了，还是退出了，或者是根本没有参与；买入的一方是散户还是主力，卖出的一方是散户还是主力。注意了显著放量的地方，就要注意那些显著缩量的地方，缩量是因为散户交投意愿很低，还是因为主力高度控盘，这两个意义是不一样的。散户交投意愿低的个股，个股如果其中没有主力，即使接着有散户介入，股价也很难形成长期上涨走势。但是，如果一只个股有主力潜伏其中，高度控盘，此时散户占比很小，那么主力不动，散户也不可能提升成交量。关于"通过量能分析主力动向"的思路就分析到这里，大家可以结合本书的内容进行了解，然后用于实践。

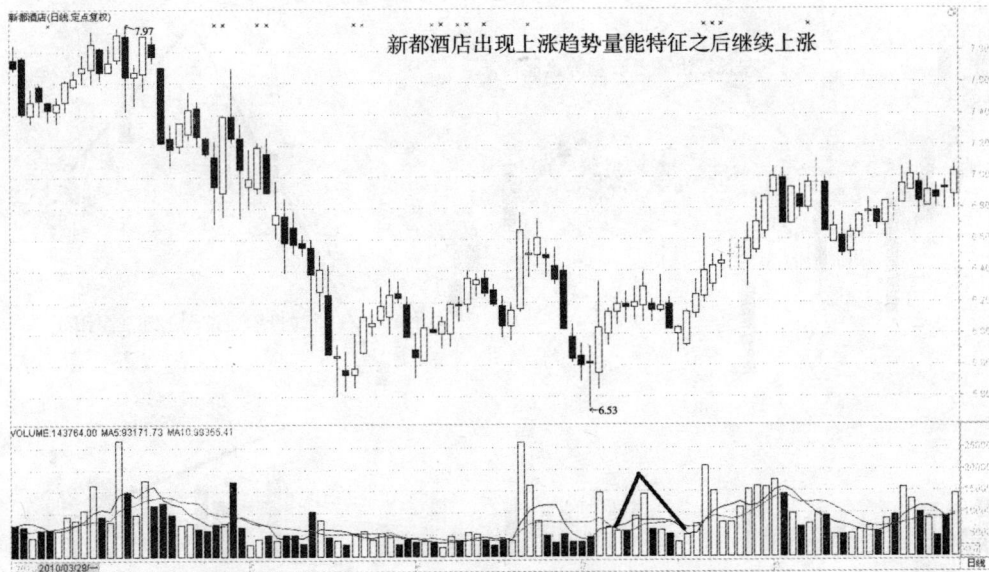

图 5-16　新都酒店出现上涨趋势量能特征之后继续上涨

　　如图 5-17 所示，深长城出现上涨趋势量能特征。深长城此前处于宽幅震荡状态，最近一波上涨从 16.5 元开始，然后逐级上攻，冲破前期高点之后，快速回落。这次回落其实是能够察觉到的，因为股价涨到前期高点 22.05 元附近就出现了长上影线，持续多日，成交量也开始放大，这是抛压较重的表现。不久之后，股价连续数日回落，相应的成交量也逐步缩小。价跌量缩的特征很明显，最近一个交易日股价放出大阳线，与前一个交易日的 K 线形成看涨吞没形态。综上所述，所有的上涨趋势量能特征都具备了。

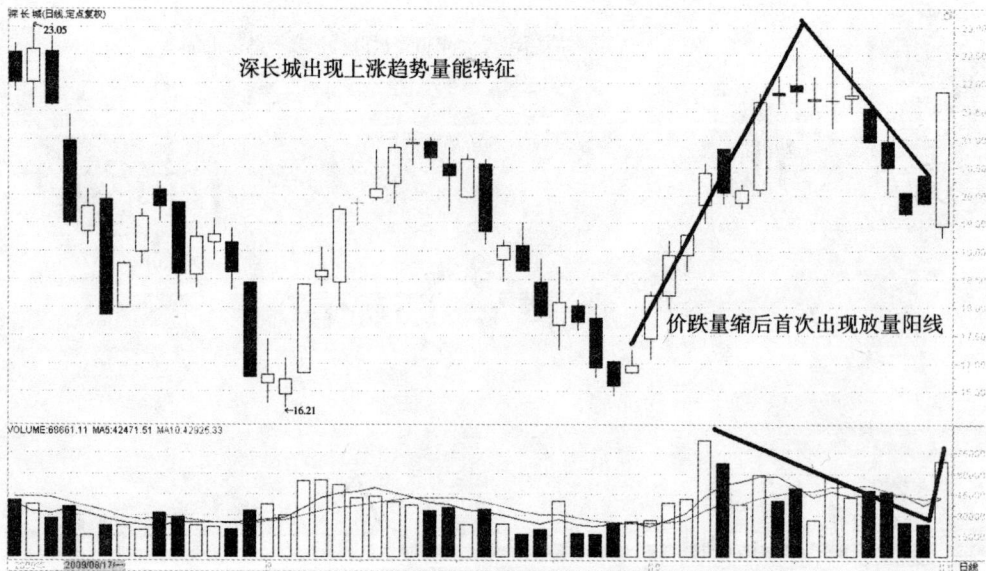

图 5-17　深长城出现上涨趋势量能特征

　　深长城出现上涨趋势量能特征之后，股价在前期高点附近横盘整理，期间虽然阴线多，阳线少，但是阴线实体都很小，而且以向上跳空开盘的假阴线居多，如图 5-18 所示。盘整了差不多十个交易日，股价以一根阳线突破整理平台，这是典型的突破走势。平台整理的目的是吸纳上方的抛盘，吸纳完了之后，多头力量相对空头力量而言一下显得就更强大了，所以凭一根阳线上攻。怎么判断上涨趋势发展过程中的进场点呢？第一种是股价调整后出现了中阳线或者大阳线，这是比较可靠的买点，当然这根阳线可能与之前的 K 线组成看涨 K 线形态；第二种是股价横盘整理，然后出现中阳线或者大阳线突破此平台，"平地而起"就是指这种情况，这时候可以买入；第三种是股价回调整理，整理后上拉，重新创出新高的时候，这时候最好也是阳线。这三种买入点大家牢记于心，结合本套教材的相关知识就可以创造出更高水平的盈利策略。

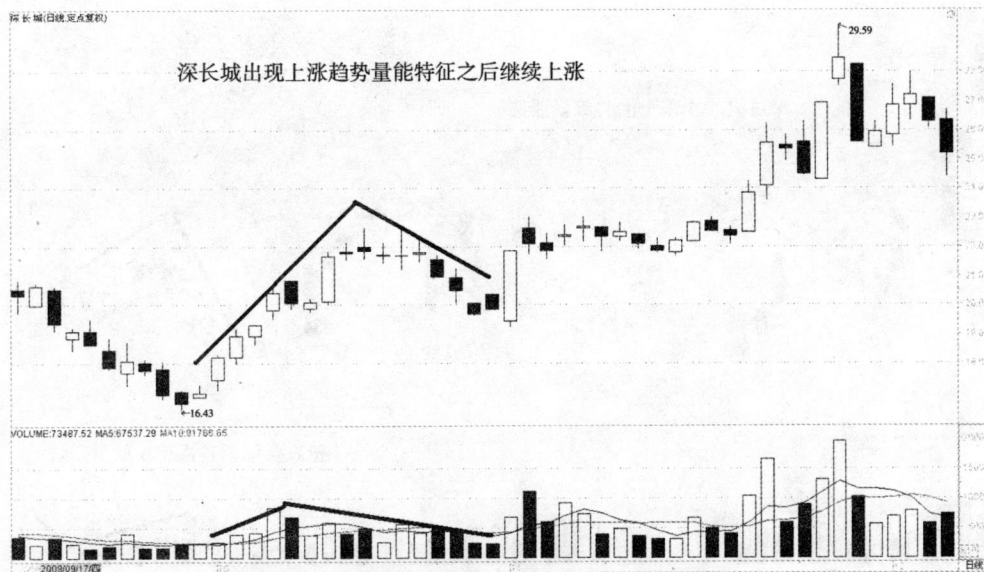

图 5-18　深长城出现上涨趋势量能特征之后继续上涨

　　如图 5-19 所示，深纺织 A 从高位震荡下跌，跌到 10 元整数关口获得支撑。可以发现跌到这个价位的时候，成交量缩小到了极致，然后向下跳空拉出一个较大阳线，这就是盘中多头发力，最终战胜空头，高位收盘。此后股价回升，但是一直受制于 12.5 元处的压力，股价最终被打压到 10 元低点附近，并且在盘中创出新低 9.86 元，长长的下影线，加上更加低的成交量，表明此处卖盘力量衰竭。股价继而上涨，又遭到了前期高点的压力。股价回落了几天，相应的成交量呈现逐步萎缩，然后出现放量阳线。再仔细来看，股价在调整低点出现了"看涨吞没" K 线，股价进一步上涨的可能性很大，短线股民可以在这里介入。

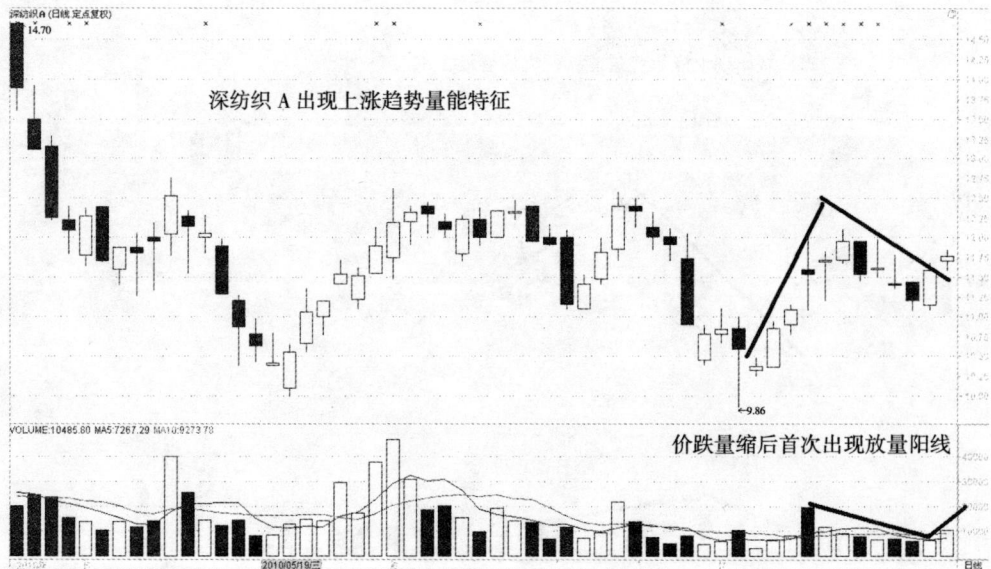

图 5-19　深纺织 A 出现上涨趋势量能特征

　　深纺织 A 出现了持续上涨的趋势量能特征之后，股价顺利上涨，经过初期快速上涨之后，股价进入到震荡上涨的态势，如图 5-20 所示。这段震荡走势值得我们深入分析和研判，因为震荡上涨走势，除非是在整个上涨走势的起步阶段，否则很容易崩溃，直接进入到下跌趋势。这段震荡走势中，股价拉出阳线的时候，成交量显著放大，股价收出阴线的时候，成交量相对正常，甚至还有缩小迹象。但是从 K 线来看就比较吓人，有两个下跌阴线很大，直接吃掉前面的阳线，按照传统的 K 线理论来看，空头力量很强大，后市转而下跌的可能性很大。当成交量分析和股价分析矛盾的时候，看哪一方呢？我们认为应该以成交量为主，成交量形态告诉了我们股价运行目前所处的阶段、目前量能如何，而股价本身主要是为我们进出场设定一个具体的标准。

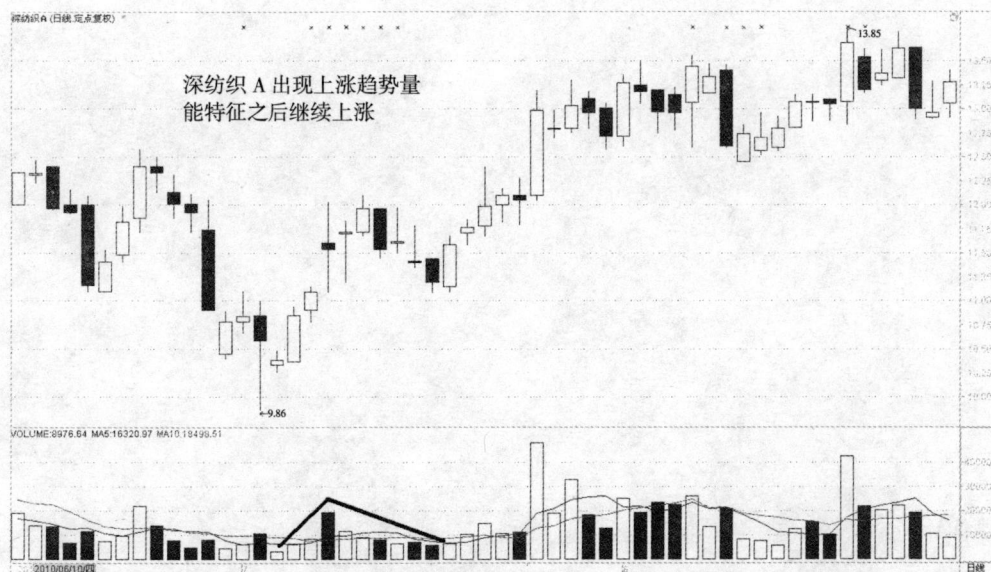

图 5-20　深纺织 A 出现上涨趋势量能特征之后继续上涨

无论是指数还是个股的持续上涨量能特征，我们都围绕"调整后是否能够继续上扬"展开的，因为这时候股民是最拿不定主意的时候。除了这种情况之外，还有指数和个股没有出现调整，现在仍旧在创新高的情况。这种情况下判断股价上涨是否能够持续比较简单，主要看价量关系，如果股价上涨，成交量维持一贯常态则可以继续上涨。一贯常态是如果此前是无量涨停，那么现在无量继续涨停就没有问题；如果此前是价涨量增，那么现在价涨量增也没有问题；如果此前价跌量缩，那么现在继续这个走势也没有问题；等等。一旦股价维持上升，但是成交量却不符合此前常态，则需要注意。

星期六　高位不再套的技术要点：顶部量能特征解密

第一节　大盘指数的顶部量能特征

　　识别了底部，可以帮助我们更快地介入到能够盈利的行情，但是这还不够，因为除非我们能够在恰当的时机退出，否则我们面临两种不利的结局：第一种情况是退出过晚，以至于下跌趋势已经展开很久，这时候我们不仅要面临盈利丢失的情况，还可能将本金亏出去；第二种情况是退出过早，这时候上涨趋势还有很长一段要走，这样我们就捡了芝麻丢了西瓜。如何预防这两种情况的出现呢？主观地去断定大盘指数的顶部不太可能，虽然在个股上判断顶部要容易一些。在判断大盘指数顶部上，我们采取的态度是：与其不自量力地猜测大盘指数的顶部，不如让大盘指数自己来告诉我们顶部在哪里。

　　那么，我们如何通过量能来确认顶部呢？当股价走势出现近半年的天量时（半年是我们的标准，你也可以制定自己的标准），我们在天量对应 K 线最高价处标注一根水平线，只要此后股价在这根线下方就表明顶部确立。当新的天量形成时，我们需要更新此水平线。下面，我们来看一些具体的例子，如图 6-1所示。上证指数从 2639.76 点的位置逐步上涨，上涨初期经历了较大幅度的修正，但是并没有创出新低，这表明空头力量在逐步减弱，第二次调整幅度比第一次更小，而且出现了"看涨吞没"，一根大阳线的出现标志着第二次调整的结束。股价指数上涨到 3361.39 点附近出现了大阴线，这时候放出了天量，而且大阴线吞没了此前一根小阳线，形成看跌吞没，后市看跌情绪增加。这里是上涨过程中的阶段性高点还是下跌趋势的开始（顶部）呢？我们不能主观地来断定，在指数上要断定顶部几乎是不可能的。我们采取的方法是在这根大阴线最高价处设定一个水平线，一般而言指数很难超过这一水平线，因为这个例子中出现了大阴线和天量，已不是单纯的天量了。只要股指在这一水平线之下我们就不操作，直到新的水平线生成或者是其他形态发出进场信号。

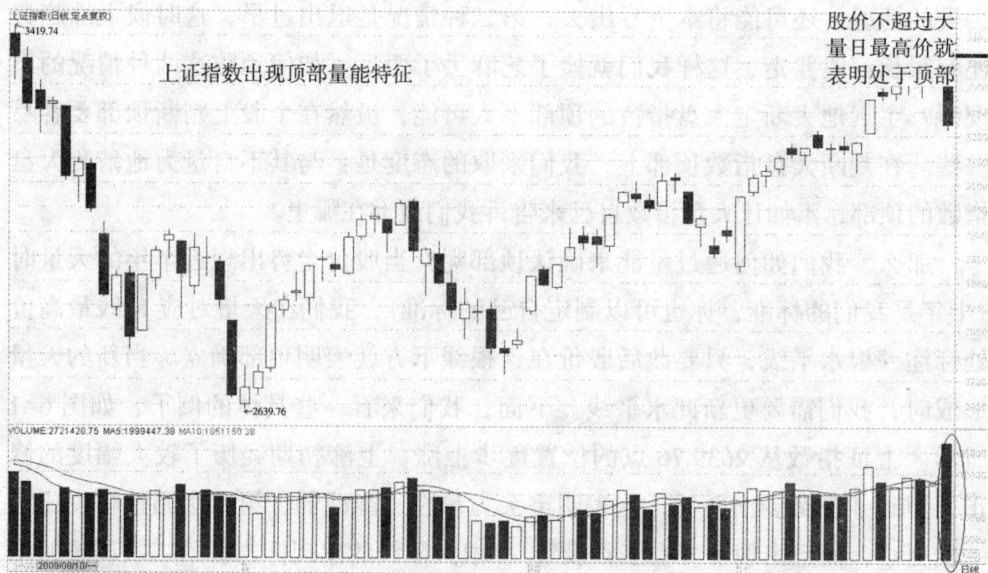

图 6-1 上证指数出现顶部量能特征

上证指数上涨到 3361.39 点附近放出天量和巨阴线后，股指此后没有越过这根巨阴线的最高价，如图 6-2 所示，相当于 3361.39 这个点的顶部被不断确认，只要还不确认我们就不会入场，除非等待股指出现底部信号，这个就要结合前面的知识理解了。现在回过头来看可以发现天量是天价所在，但为什么我们不轻易地认为天量是天价呢？这是因为，如果是一波大牛市的话，则当时的天量可能不是全局的天量，所以不能轻易断言天量。虽然我们为了预防轻言顶部而错失主升浪，但是有必要对指数顶部特征进行一定的归纳：第一，寻找历史性大牛市高点的成交量，以此作为观察基准，当成交量接近这一水准的时候，设定防守线，若股指不能超越这一防守线则不操作；第二，出现巨量阴线，无论如何空仓至少一个月，直到趋势明朗；第三，连续出现两根阴线，则需要在第二根阴线最低价处设定防守线，当股指低于该线的时候空仓。当然，这些方法一般还是被动的策略，并没有主动地认定目前的顶部是否存在。

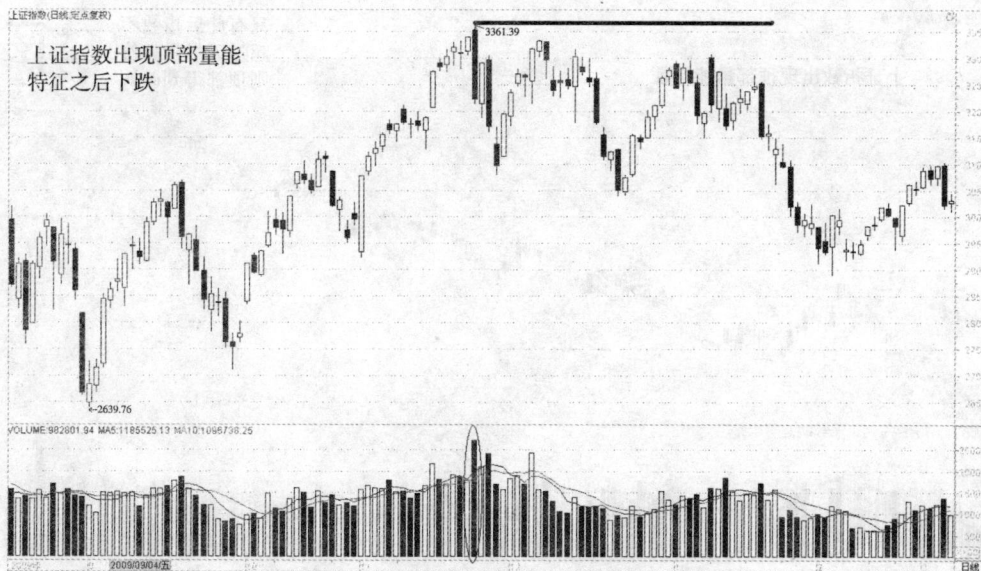

图 6-2　上证指数出现顶部量能特征之后下跌

我们再来看一个上证指数顶部被动性确认的实例，如图 6-3 所示。上证指数缓慢上涨到目前的位置，注意！又是一根天量大阴线。如果是上涨不久后出现这根天量大阴线，那么还不能确定股指是否还会继续上涨。现在股指上涨了这么多，出现前所未有的放量，而相应的 K 线拉出大阴线，此前一个交易日股价窄幅高位震荡，结合今日盘中冲高收出大阴线来看，抛压实在太沉重了。股指不向下调整一下都不行，向下调整可以重新吸引买盘入场，减少卖盘。当然，股指向下调整是修正还是转势呢？在这种长期上涨后应该转势的成分多一点。保险的做法还是在此最高点 3454.02 点处设定水平线，当股指低于此线则不操作，直到有新的看多信号触发。

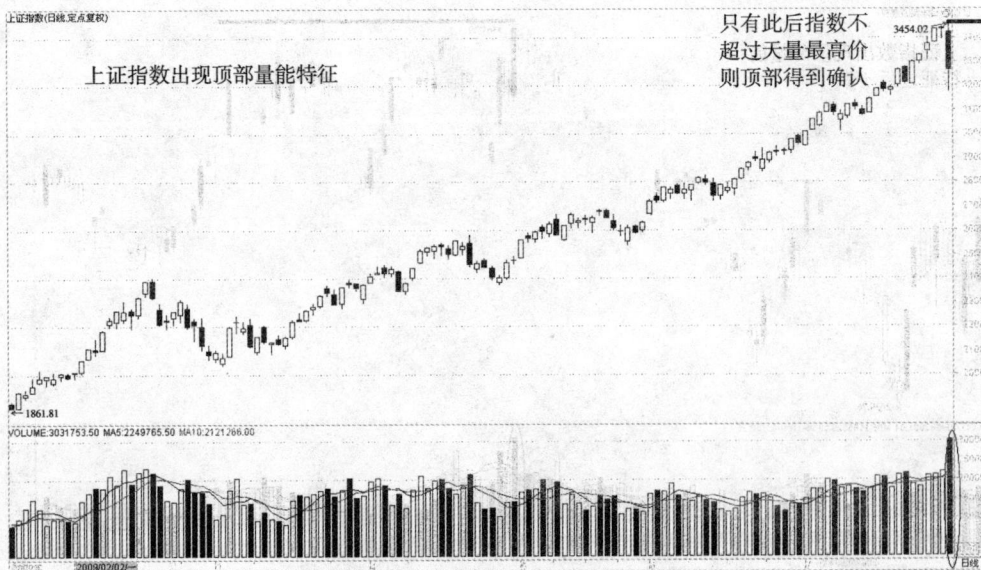

图 6-3 上证指数出现顶部量能特征

　　在我们为上证指数设定了水平观察线之后，股指回升 4 天，最后一天收盘高于此线。但是隔日，股指就一路下挫，不断确认水平线的顶部意义，如图 6-4 所示。除了高于此前我们可能会在个股上建立仓位外，其他日子我们都应该清仓和空仓。有时候天量阴线会在短期内出现两次后才会导致股指走出下跌趋势，这点告诉我们不能认为天量阴线出现后股指马上就会下跌，股指往往会小幅冲高，甚至创出新高后再快速下挫，走出下跌走势。所以，我们预设一个防守线，在这条线下不操作，线上才操作，除非形成新的防守线或者是出现新的信号。如果不为股指上涨、下跌设定时限，而是以股指水平线来告诉我们答案，那么你是激进的股民，则可以在大阴线出现后保持空仓，直到股指长期下跌后出现了地量，接近着出现了大阳线。炒股重在察异，成交量的"异"就是天量和地量，股价的"异"就是大阳线和大阴线。你能够把天量、地量、大阳线和大阴线与主力意图和动向的关系搞得清清楚楚，那么你不可能赚不到钱。

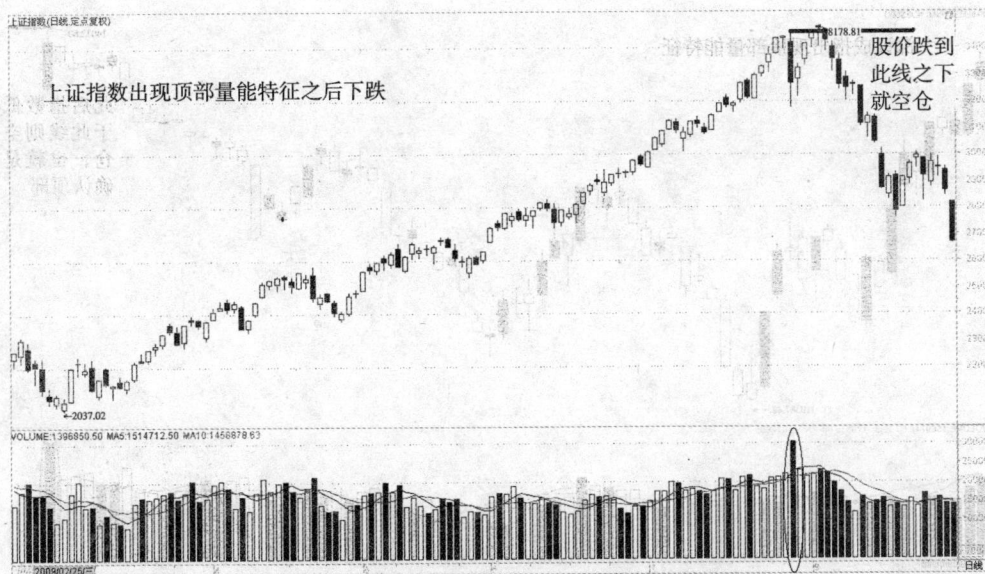

图 6-4　上证指数出现顶部量能特征之后下跌

　　除了上证指数这个代表性最强的沪市指数，我们介绍一下深证成指顶部的被动确认法，如图 6-5 所示。深证成指从 10387.42 点低位逐步上攻，与上证指数走势类似，基本同步。低点越来越高，这表明空头力量越来越弱。如果是高点越来越低呢？那就意味着多头的力量越来越弱。股指上涨到了 14032.6 点时出现一根大阴线，将此前几日阳线吃掉，这是空头力量强大的表现。更为重要的是，此大阴线对应着天量，这表明股指在高位横盘整理几日之后，很多持仓者开始降低上涨的预期，所以股指快速下跌，跌破了平台。我们在 14032.6 点设定防守线，只要股指在此线以下则不进场或者持仓，除非新的信号产生。

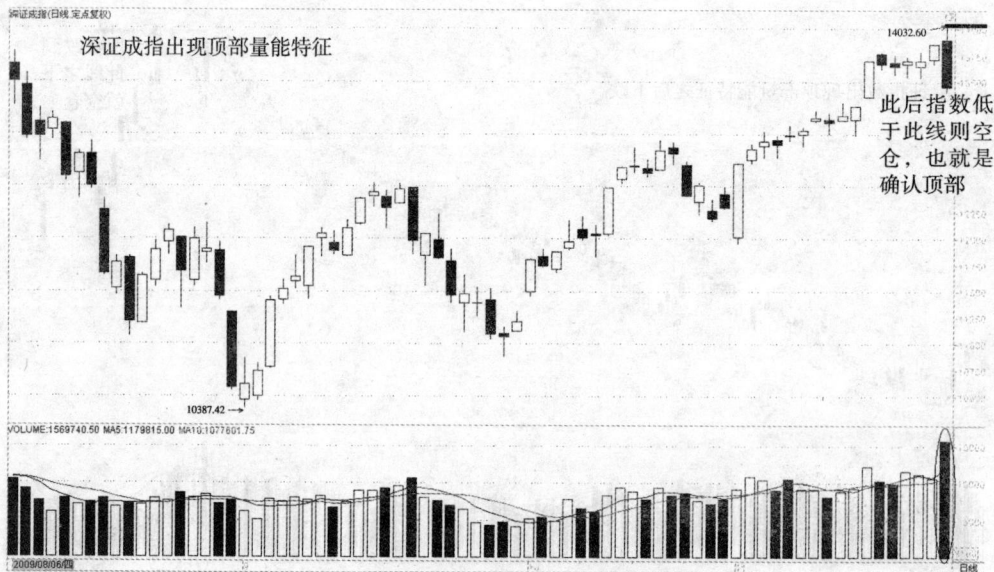

深证成指出现顶部量能特征

图 6-5　深证成指出现顶部量能特征

　　深证成指此后快速下挫，很快又展开反弹，突破防守线后不久就下跌，如图 6-6 所示。除了防守线上短暂时间段内可以持仓外，其他时间都应该空仓。股指跌破防守线后，跌到 12600 点附近反弹，但是反弹高度不及防守线，这表明多头力量没有此前强。股指随后震荡下跌，反弹到 13400 点后加速下跌，成交量也开始放大，表明有恐慌盘涌出。这里介绍一下恐慌盘与成交量的关系：指数和个股刚开始下跌的时候可能有放量情况，这种情况一般是主力或者是先知先觉的基金导致的；指数和个股进一步下跌，这时候可能已经破位，形态比较难看，一些借助于技术形态操作的股民开始杀跌，这时候成交量往往也会放大，这是由于技术形态破位导致的，是第一批恐慌盘；随着股价进一步下跌，套牢盘开始增加，很多散户由于亏损幅度较大干脆放手不管，这时候成交量恢复到正常水平，甚至随着股价下跌过于猛烈，成交量萎缩，散户不愿意卖出；股价连续下跌，稍有反弹就会遭到打压，稍有反弹就有卖盘涌出，这时成交量会放大，但这是理性的解套盘；股价连续多次反弹失败，指数或者股价进一步破位，这时候部分散户开始恐慌，认为"深不见底"，下跌之路还很长，于是开始忍痛割肉，这时候就会完成最后一波下跌的放量，这也属于恐慌盘，成交量也会放大；接着指数和个股继续下跌，继而出现地量，然后主力介入，新的一波涨势开始，新主力介入可能选择个股下跌末端进入，这时候可能是拉升放量，不属于恐慌盘，一般采用拉高建仓的方法。

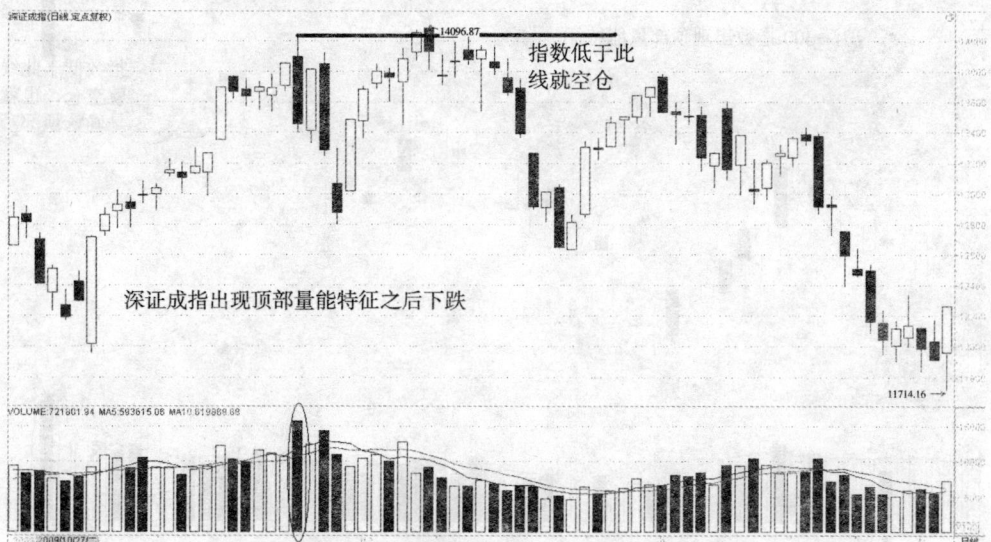

图 6-6　深证成指出现顶部量能特征之后下跌

我们再来介绍一个其他指数顶部量能特征的例子，如图 6-7 所示，这是沪深 300 指数，这个指数与股指期货密切相关，但是股民并不是很关心。不过考虑到期指对现货市场影响主要是通过沪深 300 现货指数展开的，我们还是应该注重这一指数。沪深 300 指数从低位曲折上涨，低点越来越高，虽然调整幅度较大，但是整体维持上涨趋势不变。股指形成新的平台走势，最近一个交易日股指大跌，相应成交量放出近期天量，这表明股票供给增加导致了股价下跌，而不是因为需求减少导致股价下跌，供给增加导致股价下跌表明空头力量在增加。

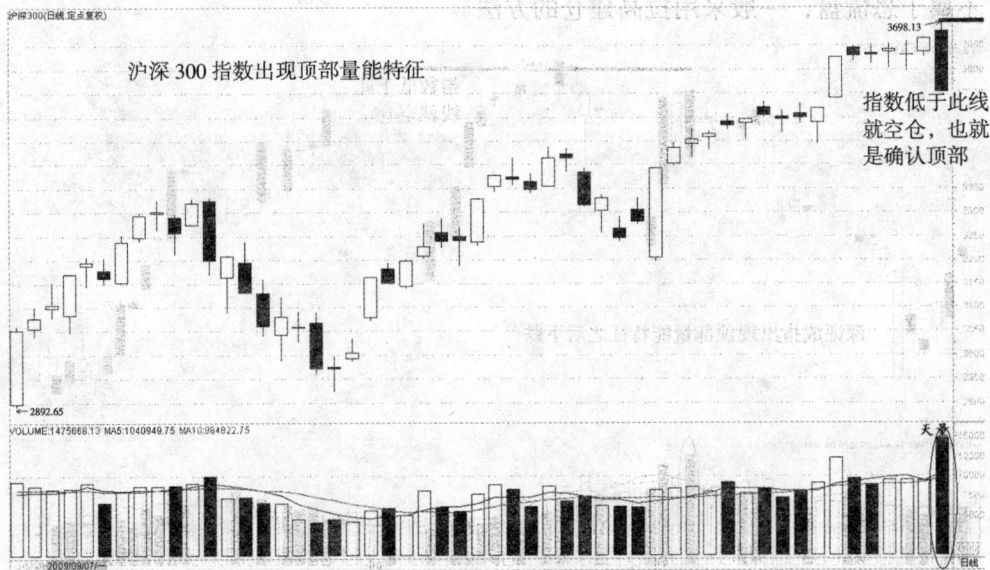

图 6-7　沪深 300 指数出现顶部量能特征

　　我们为沪深 300 指数走势设定顶部防守线之后，股指震荡下行，有两次试图向上进攻，但是都止步于此防守线之下，这表明股指做多力量越来越弱，如图 6-8 所示。在这种情况下，我们应该坚持空仓策略。一般而言，散户股民倾向于在买入前按照投机策略操作，一旦买入被套就会按照投资策略来操作。在沪深 300 指数这种趋势性下跌走势中，采用这种前后不一致策略的散户肯定很多，这种策略印证了那句话——"失败的投机成了投资"，这种所谓的"投资"其实是"伪投资"，我们真正要按照这个策略去操作只能越套越深，资金的机会成本越来越大，怎么避免这种情况产生呢？①要明白适当情况下空仓的意义，为什么我们要空仓，那是因为大环境不适合操作，风险太大，比如大盘趋势性下跌、个股趋势性下跌等。空仓就是为了回避显而易见的风险，在大海中划独木舟也要看天气办事，也要观察洋流变化，否则你技术再好也斗不过"天"。这里介绍的顶部防守线就是为了大家准确把握空仓的尺度和时机而建立的，希望大家用心体会。②要明确买点，只有将买点条件明确下来，才不会因为股评和行情的变动而心潮起伏。一时心血来潮的做法对于股民是最有害的。本书介绍了一些买入的确切条件，但是仅有这些还不够，大家还应该结合 K 线和其他信号来操作。

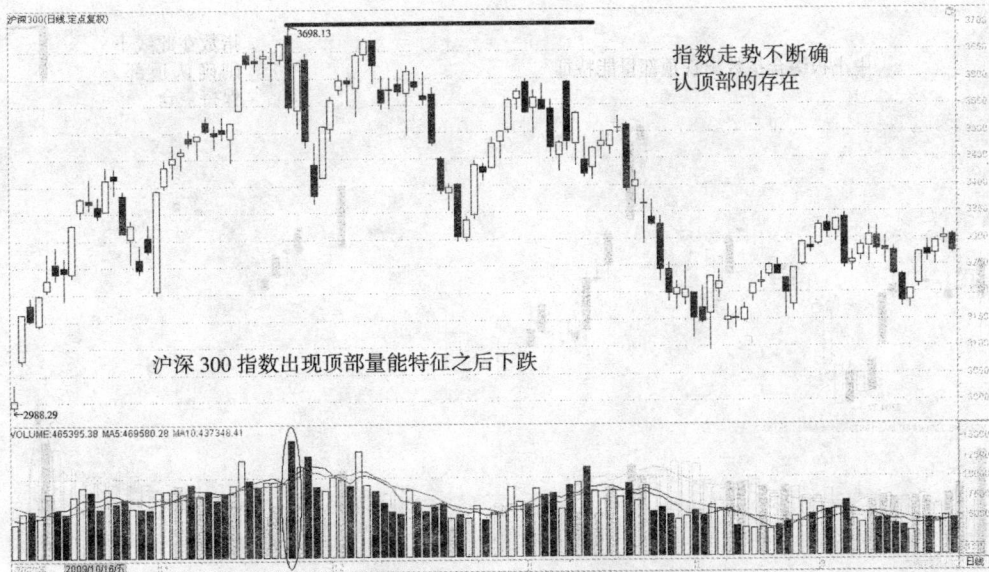

图 6-8　沪深 300 指数出现顶部量能特征之后下跌

我们再来看中小板综合指数的顶部量能特征确认实例，中小板综合指数代表了中小市值股票整体走势情况，在缺乏资金行情中，这个板块容易受到热捧，因为操作起来需要的资金量相对较少，便于主力运作。当主板涨得很艰难，而中小板涨得很好看的时候，就要注意进出速度的问题，如果出场过慢，很容易被套牢。如何把握这个出场速度呢？还是可以采用防守线策略，通过顶部防守线来被动确认顶部，进而完成操作。如图6-9所示，中小板综合指数从5304.27点的位置逐步上攻，中间出现一次较大幅度的调整，筑成次低底部后再度上攻，当前上冲到6612.81点附近出现大阴线，而且相应的成交量放得很大，可以定义为"天量"。这根大阴线与前一日的中阳线构成了"看跌吞没"形态，空头力量骤然上升。这种情况符合我们设定顶部防守线的要求，于是我们在天量大阴线最高价上方设定防守线。如果指数此后运行在此线下方，则采用空仓态度，也就是说此处顶部被确认，除非新的防守线和信号形成。

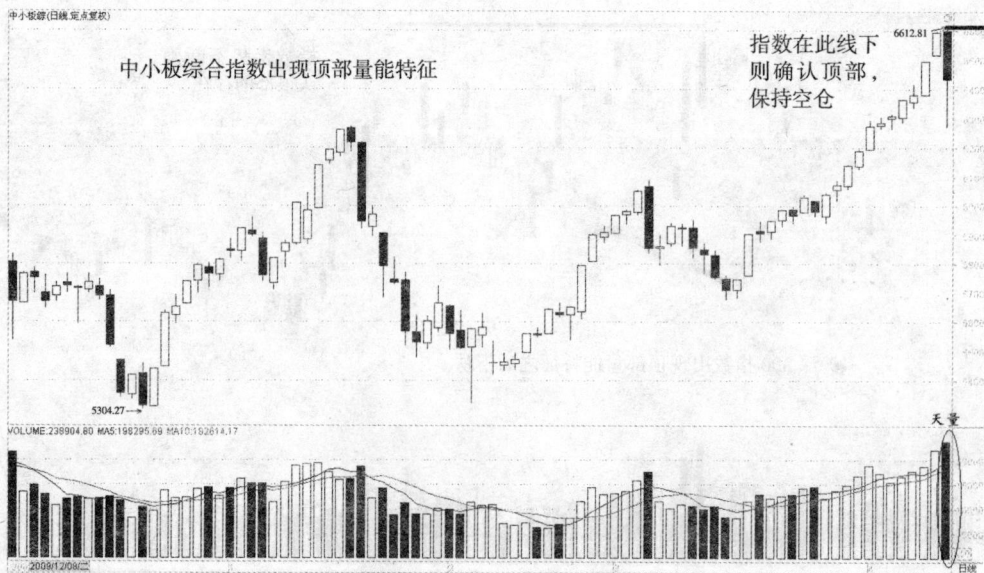

图6-9　中小板综合指数出现顶部量能特征

　　我们设定好中小板综合指数的顶部防守线之后，股指开始出现一定程度的下跌，但是很快反弹，盘中超过此防守线，这时候我们采取持仓或者是买入策略，但是此后股指快速回到防守线下，确认此顶部，那么我们就应该尽早卖出，维持空仓，如图6-10所示。当然，如果你不按照我们的顶部防守线来操作，也可以按照传统的股价形态学来规避风险，在这个地方主要有三种策略，下面分别介绍。①完全按照K线来操作，股指先在天量处出现"看跌吞没"，部分股民可能见到这个信号就清仓。撇开天量，只看"看跌吞没"就完全空仓这种策略会导致操作过于频繁，这个问题需要注意。指数上稍微好一些，但是个股上这样去操作就显得过于频繁，长期下来手续费要交不少。②根据双顶形态来规避风险，股指其实形成了一个双顶，顶部颈线的时候，就应该空仓了，当然也可以根据顶背离来操作，那就是股指两个高点稍微走高，至少走平，而成交量却是走低的，这就是价量顶背离，这时候等不到跌破颈线就可以清仓了。③根据多头陷阱来操作，股指向上突破前一顶部，但是很快就收盘到前期顶部之下，这就表明向上突破失败，股指应该掉头向下，这时候也该空仓了。这三种方法都是主动地认定顶部，其与顶部防守线策略存在一定差异，后者是按照被动认定顶部的原则在操作。

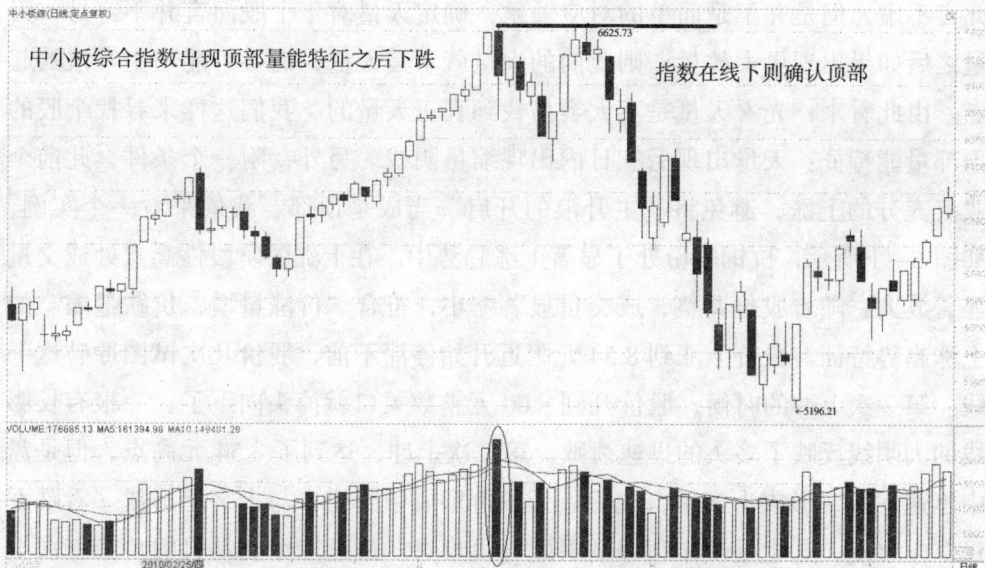

图6-10　中小板综合指数出现顶部量能特征之后下跌

指数顶部的认定对于股民而言具有不可忽视的意义，在一个大盘上涨的环境中，个股操作的风险在下降；在一个大盘下跌的环境中，个股操作的风险在上升。大盘带来系统性收益和系统性风险，当大盘或者是板块指数构筑顶部的时候，系统性风险达到最大值。

第二节 个股顶部量能特征

通过前面对大盘顶部量能特征的辨识，我们学会了被动性顶部识别策略，这对于大盘、板块指数而言是比较有效合理的策略。对于个股而言我们选择更加激进的策略，这就是主动性顶部识别策略。一旦个股走势出现了这些顶部量能特征，我们就选择清仓或者是轻仓，总之要回避最可能的最大风险。个股顶部与大盘顶部一般会重叠，最可能的情况是错位几个交易日，当然也有完全独立于大盘的少数强势个股，但在大多数情况下我们可以将个股顶部与大盘顶部交互验证，特别是对于龙头个股而言。

个股顶部具有什么样的量能特征呢？天量！这是最重要的，"天量见天价"，此言不虚，但是并不是简单的对应关系，确定天量对于个股而言并不容易，天量之后如果出现更大放量，则此前的天量就不是天量，而很可能是主升浪的起点。由此看来，光看天量是不太容易找到真正天量的。我们这样来寻找个股的顶部量能特征：天量出现后三日内出现缩量阴线。另外，附一个条件，此前个股有充分的上涨，避免将"主升浪的开启"当成是顶部。我们来看一个实例，如图 6-11 所示，杭钢股份处于显著上涨趋势中。在上涨的阶段性高点处成交量显著放大，随着股价调整，成交量显著缩小，符合"价涨量增，价跌量缩"的上涨趋势特征。股价上涨到 8.54 元附近开始停滞不前，股价几次试图冲破这一线。第一次上冲的时候，股价升到 8.00 元整数关口就掉头向下了，一根有长影线的大阴线反映了多头的迅速溃败。第二次上冲，达到了 8.54 元高点，但是盘中迅速拐头，形成十字星，此后一天股价形成中阴线，与十字星形成"看跌吞没"十字星，这也是一个很强的看跌吞没形态。最近三个交易日股价第三次上冲到这一位置，第一天收出长上影线，一颗流星。第二天股价拉出一根大阳线，但是第三天股价又遭到打压。最近两天 K 线收出较长的下影线，这表明下档存在一定支撑，但是这点支撑能不能将股价最终推高到 9.00 元以上呢？根据我们的经验，是很难做到的，为什么呢？大阳线那个交易日成交量放出天量，没有创出新高，在前高点之下放出天量，表明出逃压力很大，上档抛盘很多，很多股民可能已经放弃了进一步持仓的想法，因为他们对继续上涨创出新高，短期不抱有任何希望。天量出现后次日就出现缩量阴线，这表明需求在减少。天量的出现，交投突然上升到很高的一个水平，有人过于乐观，有人过于悲观，这时候市场转向取决于乐观的人能否坚持。现在缩量下跌，表明乐观的人数在减少，自然构筑顶部的可能性就很大了。而且，杭钢股份形成双顶形态的可能性很大，后市转而下跌的可能性很大，我们应该减仓或者清仓。

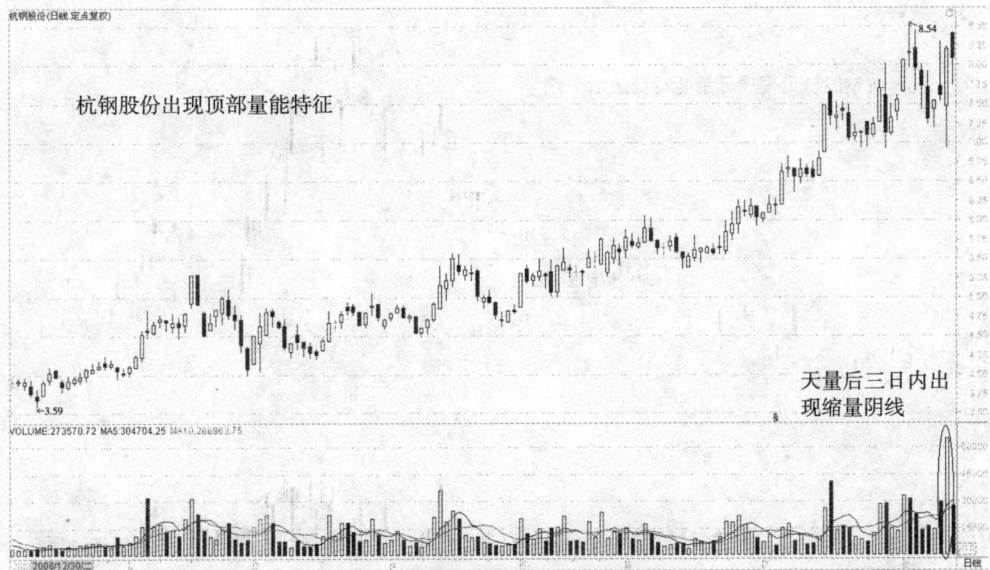

图 6-11　杭钢股份出现顶部量能特征

　　杭钢股份出现顶部量能特征之后，也就是"天量"后三日内出现"缩量阴线"，股价以阴线和假阳线交错下跌，如图 6-12 所示。前面曾经提到过假阴线和假阳线，这里有必要补充说明一下。所谓假阴线就是指虽然收盘价低于开盘价，但是因为是向上跳空开盘，所以今天收盘价与昨日收盘价相比并不低，甚至更高，这种假阴线出现在上涨趋势中，用来迷惑散户；所谓假阳线就是指虽然收盘价高于开盘价，但是因为向下跳空开盘，所以今天收盘价其实与昨天收盘价相比并不高，甚至更低，这种假阳线出现在下跌趋势中，也是用来迷惑散户的。在杭钢股份向下跌的这个过程中，假阳线就出现了几次，但是整体趋势仍旧是向下的。如果你在个股识别上能够很清楚地找出顶部量能特征，那么就可以规避最大风险。

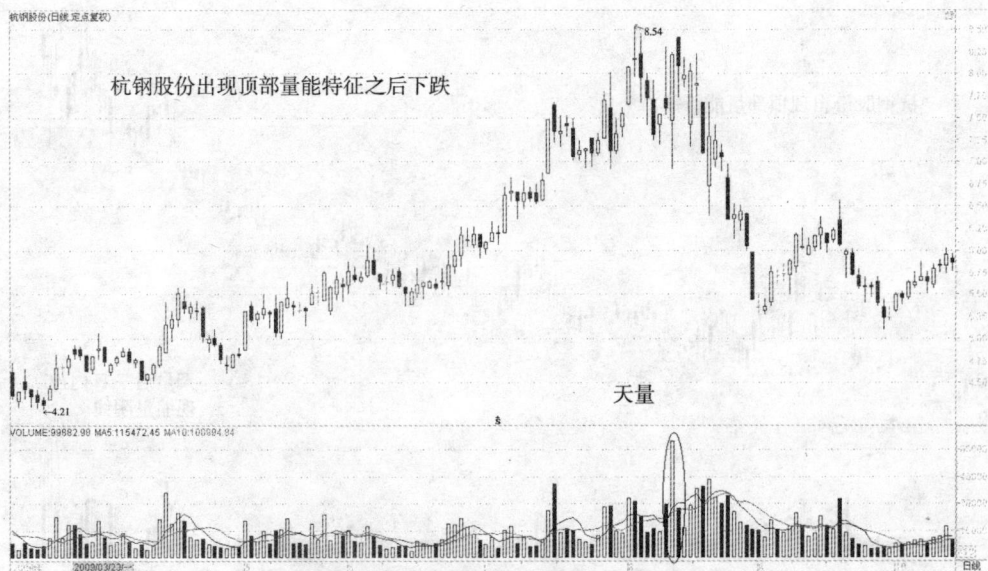

图 6-12　杭钢股份出现顶部量能特征之后下跌

来看第二个例子，如图 6-13 所示。ST 岷电在当前这波上涨之前曾经有一波小幅下跌，最高点在 6.8 元附近，但是是跳空高开，然后跳空低开，典型的岛形反转。什么是岛形反转呢？大家可以参考《经典形态一周通》一书相关内容。岛形反转有好几种版本，其中一个版本认为与前一根价格线有向上跳空缺口，与后一根价格线有向下跳空缺口，这就是典型的岛形反转，也叫孤岛反转，这是一个看跌形态。ST 岷电出现岛形反转之后股价并没有立即回落，而是上涨两日，第三日是阴线，与前一日的小阳线形成"看跌吞没"形态。之后正式下跌就开始了，股价一直跌到了 5.75 元，成交量跟着缩小，表明随着股价下跌，浮筹减少。在 6 元区域横盘整理的时候，出现了跳升阳线，相应的成交量也在放大，感觉有短线主力介入。这里需要专门强调一点的是，随着股价下跌，缩量在一个较低区域横盘整理，如果出现显著放量，而股价没有什么显著变化，则说明主力在偷偷吸筹。在以前的 A 股市场，底部吸筹是一个耗时较长的过程，现在随着游资增加，底部吸筹面临的不确定风险增加，很有可能成为"为别人做嫁衣"的结局。而且，随着拉高建仓派的出现，长期底部建仓的做法变得越来越没有吸引力。短庄现在都喜欢选择地缩量底部，特别是阶段性底部快速吸纳建仓，然后拉高。股价建仓完成后逐步拉高，拉高过程中除了开始的一天是小阴线，此后竟然没有一根阴线，可见主力意图明确，手法凶悍。随着股价走高，

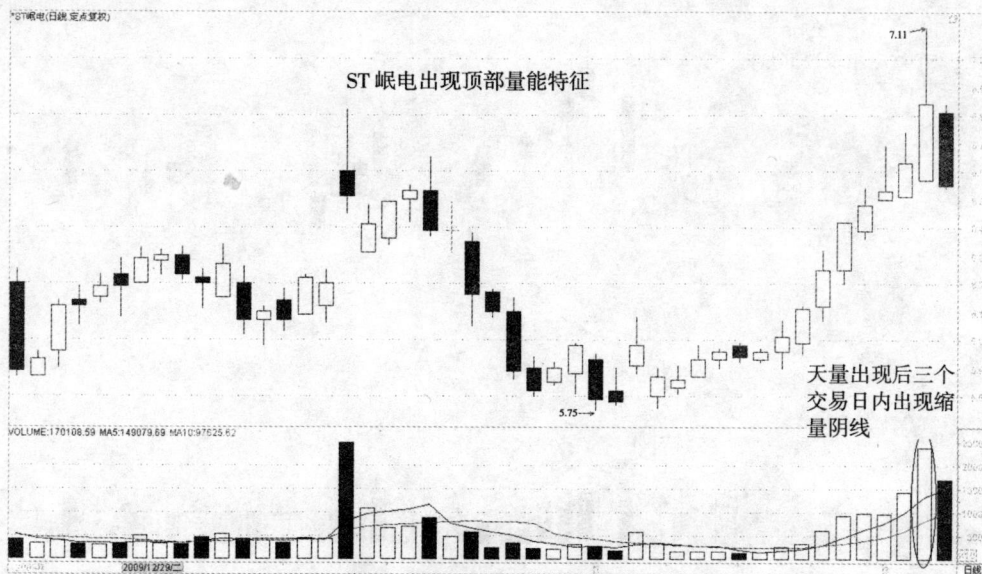

图 6-13　ST 岷电出现顶部量能特征

人气越来越旺，关注的人越来越多，交投活跃，换手率增加，成交量上涨，散户参与进来的越来越多。在突破前期高点的时候，成交量迅速放大，盘中冲高到7.11元。这表明当时市场大众参与热情很高，但是主力可能在利用这种热情出货。这么大的成交量，买入一方是散户，主力不可能在这么高的位置建这么大的仓，卖出一方是主力以及部分谨慎的散户。这根阳线的上影线很长，对应的成交量是明显的天量，接着一个交易日是根大阴线，相应成交量缩小，这就完全符合先前我们关于个股顶部量能特征的定义，后市转而下跌的可能性非常大。

　　ST岷电出现顶部量能特征之后，股价下跌比较不明显，可能是主力出货并没有完，所以采用边拉边出的方式，如图6-14所示。如果主力向下出货的时候，承接比较有力，也不排除他反手再建仓，借用人气往上再拉高出货。注意观察股价最近的走势，阳线成交量大于阴线成交量，这个很明显，与之相对照的是此前股价阴线成交量显著大于阳线成交量。这个转变过程表明，此前资金流出更多，现在资金流入更多，多空力量对比发生了新的变化。做短线就是做滑头，不是死多头，不是死空头，只有这样才能顺着市场趋势去操作，才能不执著于某一个方向和观点去操作。观点是死的，市场是活的，人也是活的，不

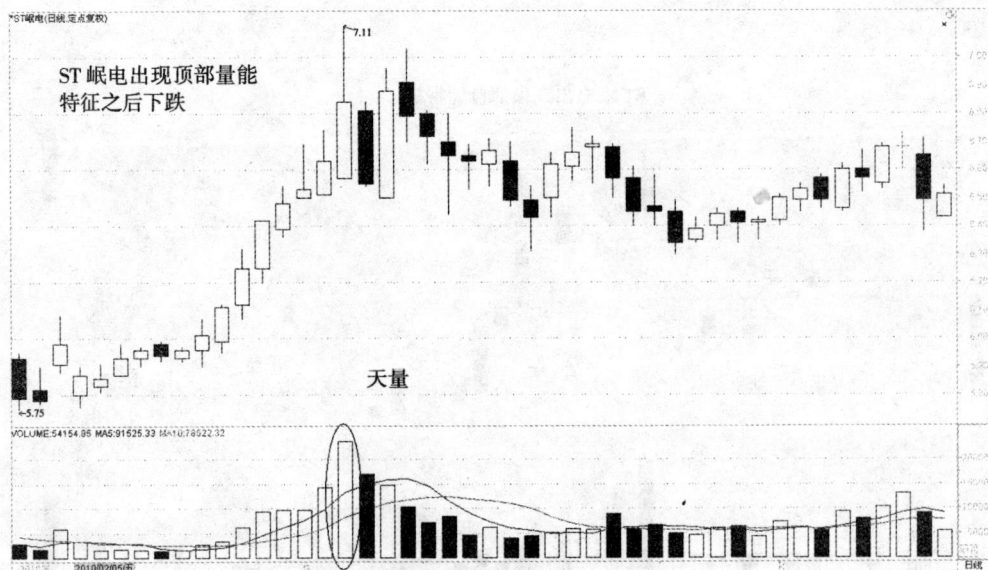

图6-14　ST岷电出现顶部量能特征之后下跌

能因为观点而让本来活的人往牛角尖里钻。在 ST 岷电这个例子中，个股出现顶部量能特征之后下跌幅度并不大，采取的是阴跌形式，此后市场多空对比再度发生变化，我们就不能还沉浸在空方的思维中，应该随着市场节奏转换而转变观点和操作方式。

我们来看深桑达 A 的个案，如图 6–15 所示。深桑达 A 在 7.6 元附近形成底部，但是这时候成交量并不是地量，也就是说最低价并不对应着地量，为什么呢？可以看到股价跌到 7.6 元低点之前有一次较大的向下跳空缺口，而且之前下跌成交量显著放大，这表明空头力量可能早在最低价出现之前就被耗尽了。向下跳空之后，股价横盘整理三日，之后有一天中阴线，但是成交量很小，感觉这是股价下跌后企稳，主力试盘的行为，往下砸但是没有浮筹。这样也能解释此后三日中阳线出现配合放量的行为，这是主力发现没有什么浮筹后开始拉高建仓的举动，但是拉高行为并不明目张胆，以免引起散户和其他主力的抢筹行为。主力初步建仓完毕后，地量才出现，其实地量早就该出现了，只不过因为主力的建仓行为而滞后几天而已。股价上涨分为两个阶段：第一个阶段结束的时候放出了很大的成交量，成交量显著萎缩，但是股价维持高位盘整，并没有大幅回落，这表明主力控盘程度高，或者说浮筹很少，持仓者不愿卖出，股价

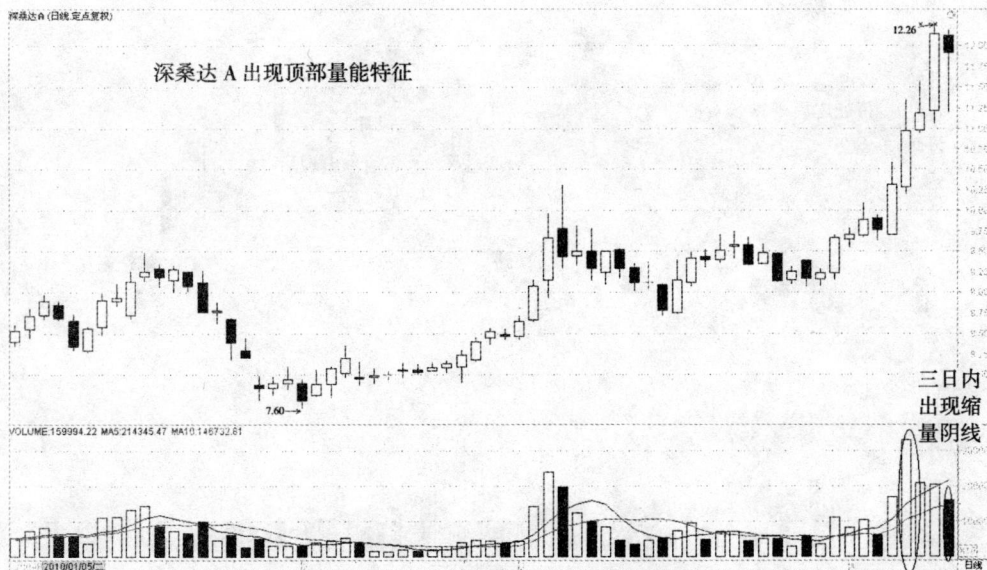

图 6–15　深桑达 A 出现顶部量能特征

经过充分调整后出现调整走势中的最低量；第二阶段上涨速度很快，基本上是大阳线快速拉高，这反映了主力急于脱离交投密集区，以便迅速达到目标位置，以免因为速度过慢导致途中涌出过多卖盘。在这个过程中其实卖盘已经开始大规模涌出，形成了天量，天量形成时股价还没有达到最高点，天量形成之后第三日缩量阴线出现，这就确认了个股的顶部。这里还可以看到最近一个交易日是吊颈线，这也是一根看跌信号。综合这些信号来看，后市转而下跌的可能性很大。

深桑达 A 出现顶部量能特征和吊颈线之后，股价先是小幅冲高，然后形成一个看跌母子形态，继续小跌两日，然后冲高，但不过前高。然后正式下跌，期间有反弹，但是反弹高点越来越低，表明趋势向下，如图 6-16 所示。顶部量能特征出现之后，股价继续维持高位几日，或者是冲高"一日游"也是经常见到的情况，这时候应该耐心等待和观察，不要急于入市，应该等待股价出现回落见底信号后再进入比较好，否则很容易买在最高点附近。此时，股价一旦快速下跌，很容易被深套，这时候要割肉就面临进退两难的情况。一般而言，如果已经深套的话则只有继续持股，如果是浮动亏损较少而市场已经出现新动向就应该重新考虑持仓情况了，不能姑息之，否则后患无穷。

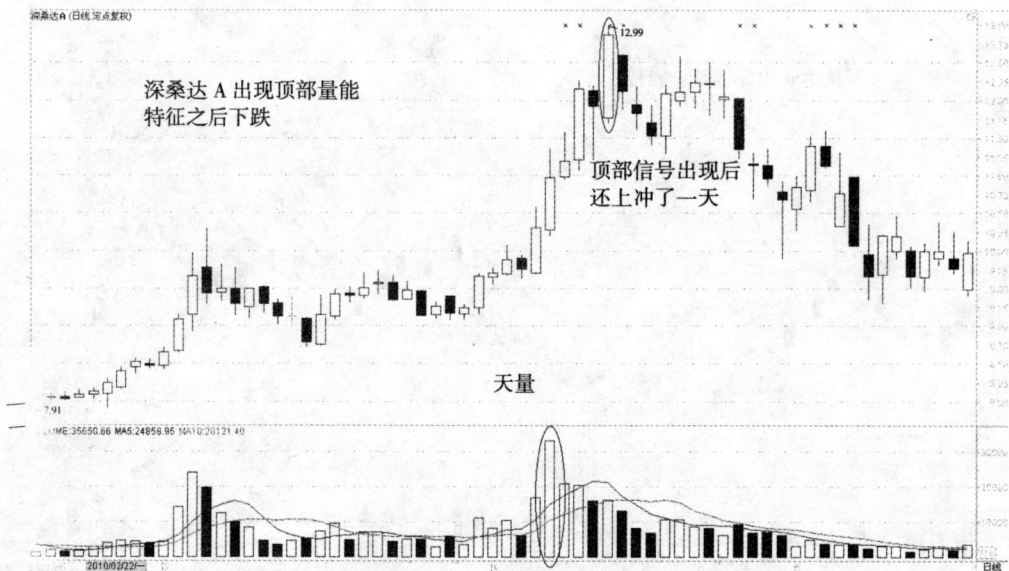

图 6-16　深桑达 A 出现顶部量能特征之后下跌

　　华联控股下跌过程中出现了一次跳空放量，这次量放得很大，这表明可能有主力故意利用消息跳空拉高，吸引买盘，然后出货。次日直接跳空低开，把散户关在里面当替死鬼，然后继续下跌。最后一次下跌是一根大阴线，成交量却放大很小，这表明出货并不多，股价进一步下跌的可能性很小。然后，股价出现了十字星，这表明多空力量在这里恢复到均衡，此前空头力量占优势，现在转换到均衡状态。紧接着地量出现，股价出现了放量阳线，按照此前我们分析的底部量能特征，这个地方是一个底部。果然，此后股价一路上扬，上涨分为两个阶段：第一阶段股价出现缓慢上涨，一般股民停留在此前下跌的阴影之中，所以还不敢确认此轮上涨是否属于趋势性走势；第二阶段股价突然大阳拉升，这往往预示着主升浪的到来。大家要区分三种不同的大阳线：①大阳线出现在股价长期下跌后，地量出现了，接着出现的大阳线，这种阳线可能是跳空低开，然后吃掉此前一天整个跌幅，或者是小阳小阴之后出现，这一般是起涨点的标志，"一阳见底"就是这个意思。②大阳线出现在股价缓慢上升之后，这种缓慢上升要求发生在第一波上涨时，也就是从底部出来后的第一波上涨，这就是艾略特波浪理论中的第一浪，第一浪完了之后会有调整，或者是横盘，或者是线下修正，但是不会跌破底部，调整或者横盘末期会出现大阳线，标志着主升浪出现，这就是艾略特波浪理论中所谓的第三浪。当然，真实的股价走势未必在第三浪后还有第四浪和第五浪，可能直接就下跌了。不过，一波三折式的走势却经常出现，这是一种出现概率很高的模式。股价冲高到 5.7 元时出现了较长上影线，也出现了天量，但是天量出现后三日内没有出现缩量阴线，这就很难确认华联控股的顶部。如图 6-17 所示。③第三种大阳线，这就是主升浪结束前的大阳线，为了吸引散户买盘，主力拉高人气，之后散户大量涌入抢筹，大众的最后疯狂早就成了主升浪结束时的大阳线。

　　华联控股出现了天量，但是没有在规定时间内出现缩量阴线，所以很难确认顶部，如图 6-18 所示。股价出现天量之后继续上涨，从 5.00 元涨到 6.00 元附近。然后出现较长上影线，紧接着出现阴线，股价此时才开始下跌。像华联控股这种例子，就不能依靠量能顶部特征策略来识别顶部，可以借助于 K 线看跌形态，或者是其他技术指标等。这个例子也告诉我们，股票市场上没有万能钥匙，不可能每一种走势都能被策略解读，不可能每段行情都能够盈利，关键还是要在每段行情中选择恰当的策略，而在很多情况下空仓则是最好的策略。

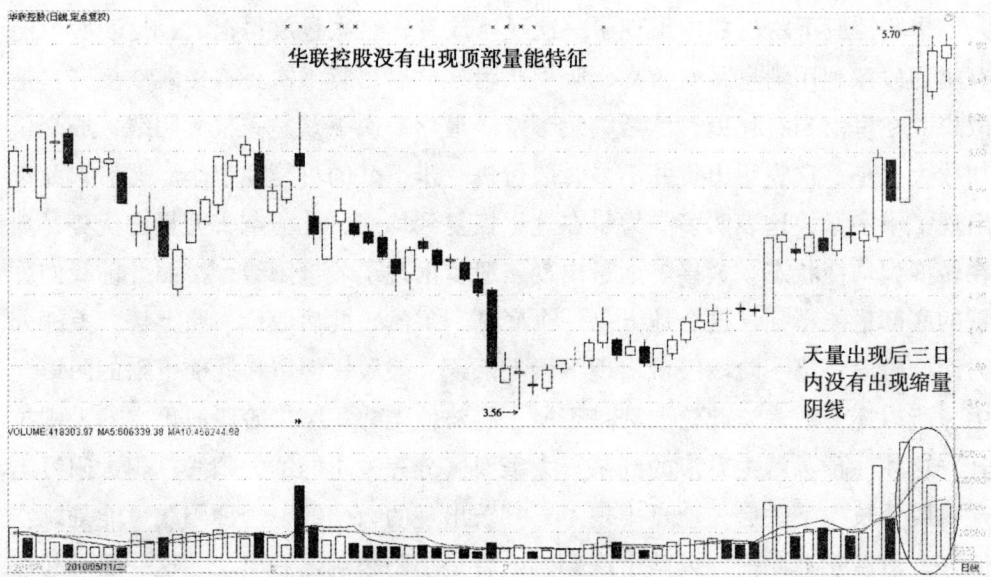

华联控股没有出现顶部量能特征

天量出现后三日内没有出现缩量阴线

图 6-17　华联控股没有出现顶部量能特征

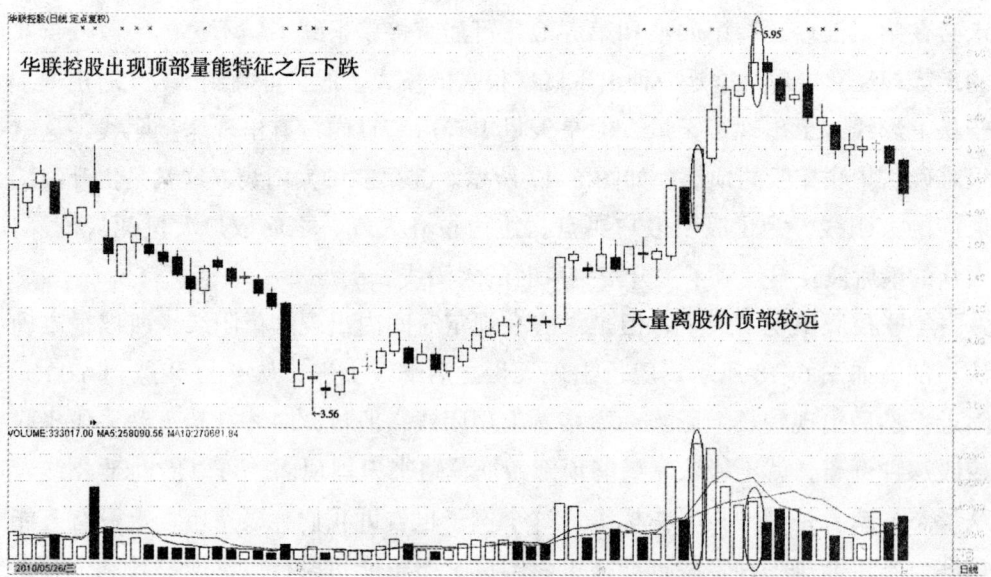

华联控股出现顶部量能特征之后下跌

天量离股价顶部较远

图 6-18　华联控股出现顶部量能特征之后下跌

深长城是我们这里介绍的最后一个顶部量能识别的个股，如图 6-19 所示。深长城在 16.00 元附近构筑了宽双底，之后股价一路上涨，也是分为两波走势：双底第二个底部的右边沿；股价上涨到颈线之上进行小幅度的调整。调整几日后拉出一根大阳线，这就是我们前面提到的主升浪的开始。主升浪是放量阳线开启的，一般是这样的，主升浪角度一般比初升浪更加陡峭，主升浪上涨幅度肯定比初升浪的大。在本例中，主升浪的角度与初升浪差不多，但是主升浪到目前为止幅度已经超过初升浪了。根据波浪理论的计算，主升浪上涨幅度是初升浪上涨幅度的 1.618 倍，或者是 2.618 倍，当然也可能是 1 倍，或者是 1.382 倍等，这些大家做一个了解即可，不用刻意去运用。深长城出现主升浪之后股价快速上涨，大阳线频现，冲高到 29.59 元附近出现流星线。流星线对应着天量，这是很强的看跌信号，这表明多头力量耗竭。天量出现在次日，出现大阴线，同时缩量，这就符合了我们关于个股顶部量能特征的定义。综合这些信息，深长城此后转而下跌的可能性很大，应该恪守空仓原则。

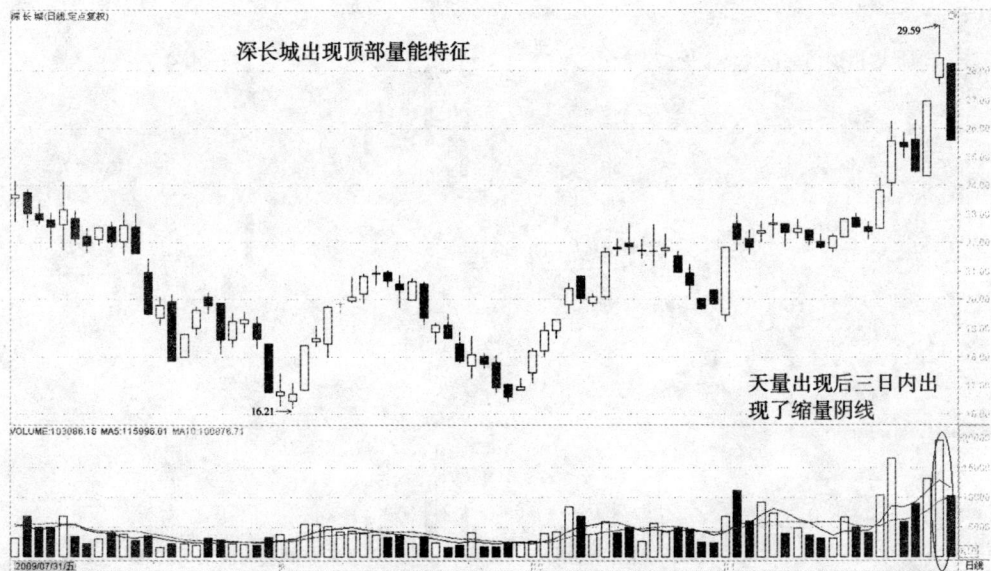

图 6-19　深长城出现顶部量能特征

深长城出现了顶部量能特征之后，股价进行了三天的反弹，反弹高点不超过流星线最高点，这表明多头力量减弱了，如图 6-20 所示。股价下跌初期阶段多头有几次反抗，从较长上影线可以看出，但是很快就夭折了。这里要提醒大家一点的是，中阴线和大阴线后面紧接着的类似流星线的 K 线也是继续看跌的标志，这是多头力量虚弱的表现，后市继续下跌是很合理的事情。

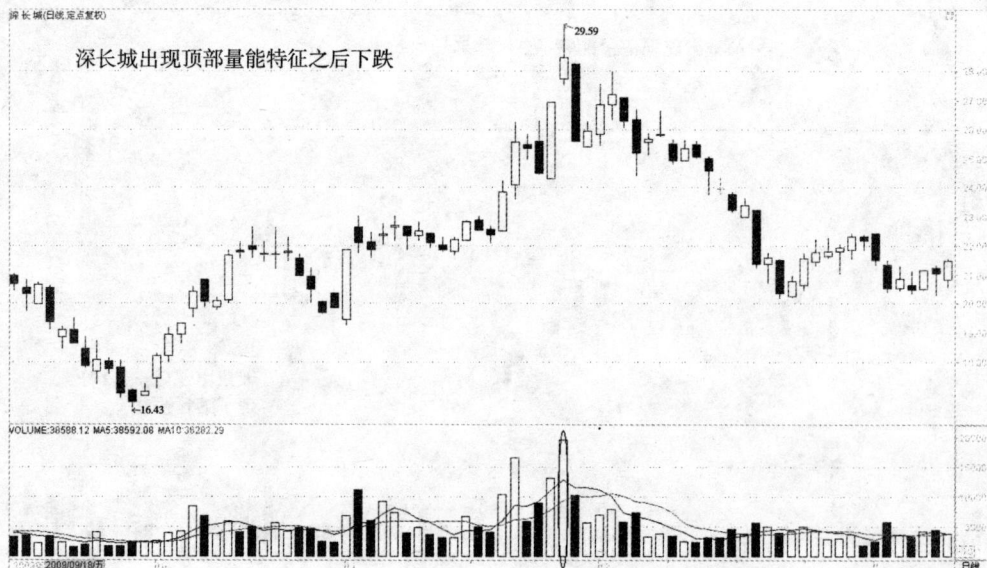

图 6-20　深长城出现顶部量能特征之后下跌

　　关于顶部量能特征有很多相关的文章，大家可以找来研究一下，我们的经验是根据自己多年操作总结所得，为什么选择在天量后出现缩量时持空仓呢？为什么不选择在天量后就空仓呢？虽然"天量见天价"是一个经验法则，但是"天量"有时候事后才能定义，因为主升浪开始时也可能放出近一段时间内的天量，如果这时候抛出的话无疑错过了行情最大的一波涨势。主升浪开始出现的阳线往往不会在三日内紧跟着出现缩量阴线。

星期日　限制风险的技术要点：
下跌趋势量能特征解密

第一节　大盘指数的下跌趋势量能特征

　　大盘指数下跌后是否继续下跌？下跌后股价回升，是转势还是反弹？这对于很多急于抓住第一起涨点的股民而言是非常重要的问题。如何鉴别下跌趋势会继续呢？这是今天需要掌握的一个主题。我们学会判别大盘指数或者是板块指数下跌的趋势量能特征。指数下跌了很长一段时间，然后上涨，这时候股指是恢复下跌走势，还是继续上涨走势呢？如果股指回升后出现了指数上涨，成交量逐步萎缩的背离现象，则股指恢复下跌趋势的可能性很大，应赶紧空仓，避免被接着而来的大跌套牢。

　　我们来看第一个实例，A 股指数从 6429 点高位快速下跌，跌到 5015.93 点低位，构筑小双底后上攻，到前期交投密集区域 5600 点附近出现黄昏之星，然后继续下跌，在 5015 点附近再次止跌，出现早晨之星开始回升，现在形成了大双底，股指突破颈线往上走。按照传统的双底测度力量，股指可以上涨到底部到颈线高度的 1~3 倍。股指行进到现在的位置，能够继续往上走，还是恢复此前的下跌走势呢？如图 7-1 所示，股指现在逐日拉高往上走，但是相应的成交量却逐步走低，这就出现了价量背离模式，后市应该恢复下跌走势。为什么"股指往上走，成交量往下走"出现在大跌之后预示着股指继续下跌呢？这表明多头力量在空头强势的大背景下逐渐衰竭。

133

有时候，股价往上走、成交量往下走是看涨的。这种情况出现在流通市值较小的个股上，也就是庄股，股价往上走、成交量却缩小，这时候可以买入。这类股票的识别必须是基于此前股价有过调整，而且个股流通市值小，股价在此波上涨前经历过充分的调整。A股指数目前出现了继续下跌的量能特征，我们能够采取的最好办法就是空仓来规避系统性风险。如果你对自己手中的股票信心极强，认为可以独立于大盘，那么也应该减仓。

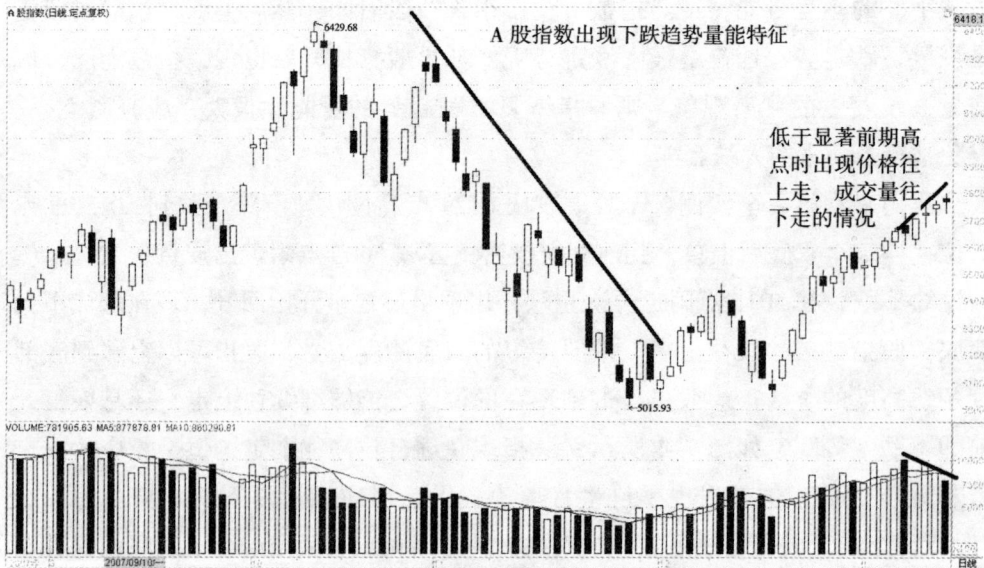

图7-1　A股指数出现下跌趋势量能特征

　　A 股指数出现了下跌趋势量能特征之后，股指很快转而下跌，如图 7-2 所示。股指阶段性回升，按照我们此前的方法可以寻找到起点，按照现在介绍的方法则可以寻找到阶段性回升的终点。当然，不是每次回升的终点都会出现这里的特征，所以需要大家将本书介绍的其他策略以及本套丛书的其他策略结合起来运用才行。如何能够做到综合起来运用呢？一般而言我们会要求见习操盘手先掌握 K 线和量能分析理论，在这个基础上学会看历史分时走势图。K 线理论看起来死板，但是用起来不简单，量能理论看起来复杂，但是精通之后比技术指标更好用，更容易理解，这里面就需要大家下工夫。要综合起来运用的话，首先看成交量的异动点，比如天量和地量；其次是阶段性低点和高点；再次看这些异动点附近的 K 线形态有什么表现，有没有经典的 K 线形态出现，有的话，结合成交量异动点来理解；最后，我们看看经典 K 线形态这天分时图是怎么走的，大单分布怎么样，开盘和收盘成交如何。所以，高手看盘不是从价格上去捕风捉影的，而是先找成交量异动的地方，这个地方往往是"寻龙点穴"的"穴"所在。

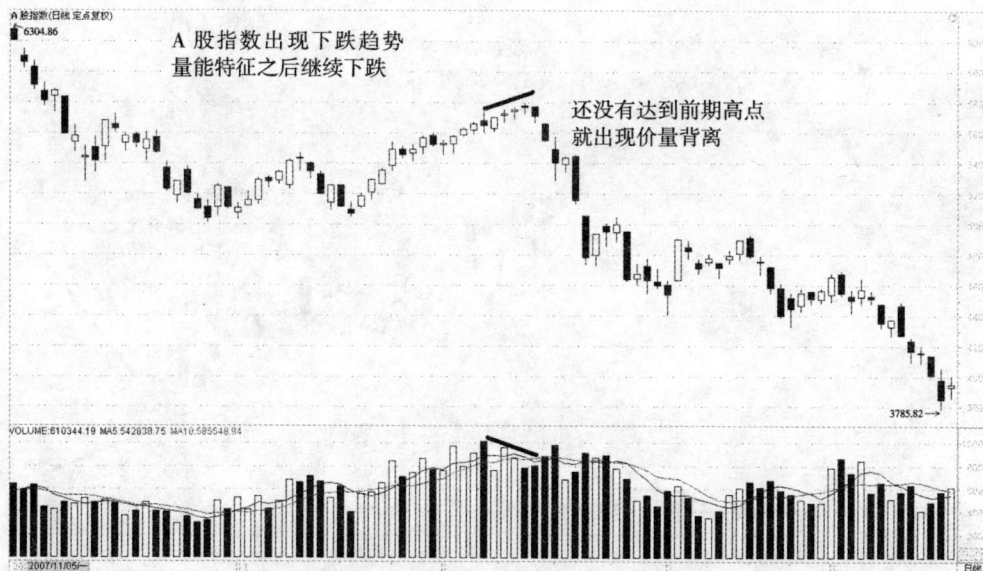

图 7-2　A 股指数出现下跌趋势量能特征之后继续下跌

　　我们接着再来看一个如何确认股指下跌趋势量能特征的例子，如图 7-3 所示。A 股指数从 4928.03 点的高位下挫，呈现 45 度角，中间夹杂小幅反弹，一般都是单日反弹行情。下跌过程开始阶段，阴线较多，到了后半段阳线和阴线数量差不多，放量也稍微有所减小，表明浮筹有所下降。浮筹下降到一定程度，一遇到一点买盘股价就涨得厉害，一拉出大阳线就会吸引跟风买盘，以为是底部出现了。但是，很多人忽略了一点，底部出现之前没有地量是很少见的情况。A 股指数跌到 3138.15 点出现了放量阳线，然后股指跳空上涨。股指往上走，成交量逐步向下走。股指往上走的势头能够持续吗？先前的阳线是起涨点大阳线吗？向上跳空缺口是起涨缺口吗？根据我们此前教授的下跌趋势量能特征来看，股指继续下跌的可能性很大。股指和股价走势的迷惑性在于不容易区分反转和反弹，不容易区分反转和调整，而量能分析法在这个问题上具有很好的处理效果。

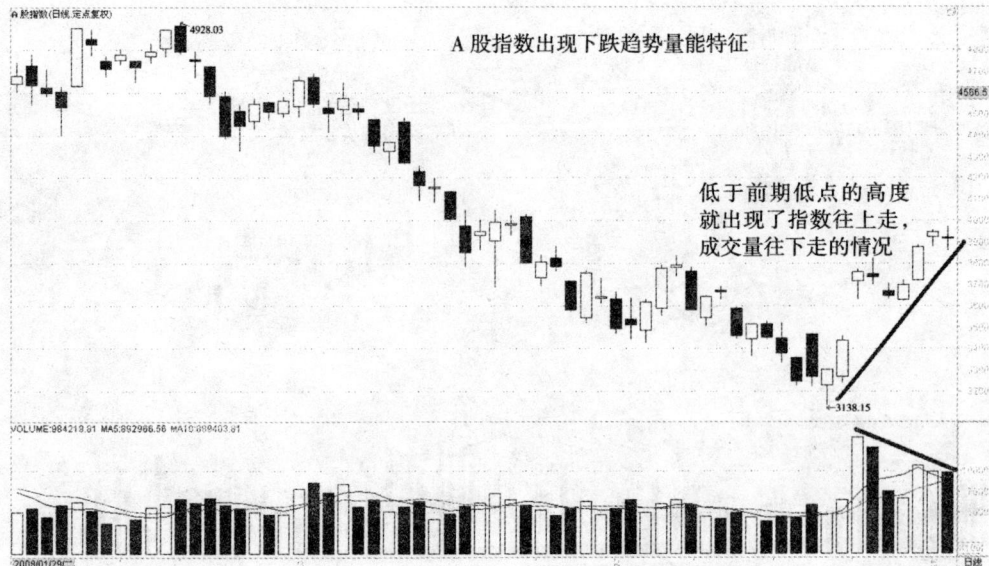

图 7-3　A 股指数出现下跌趋势量能特征

　　A 股指数出现继续下跌趋势量能特征之后，股指恢复了下跌走势，经过长时间的逐步下探，跌破了前期低点，继续不断创出新低，如图 7-4 所示。除了我们可以通过下跌趋势量能特征策略识别出 A 股指数继续下跌之外，还有没有别的什么方法可以做到这一点？可以根据经典 K 线策略，当股指创出 3972.95 点高位前后，这里出现了一根复杂结构的黄昏之星，星体由两根 K 线组成。此外，股指部分回补跳空缺口，以及向下跳空缺口形成了一个大型孤岛反转结构，这些都在发出明显的看跌信号。市场存在一个趋势运动，它会通过各种渠道、维度和局部来告知股民它要怎么走，这些信息应该是整体一致的。所以，多个信息可以交互验证，在这个例子中各个信息都告诉我们股指将继续下跌。

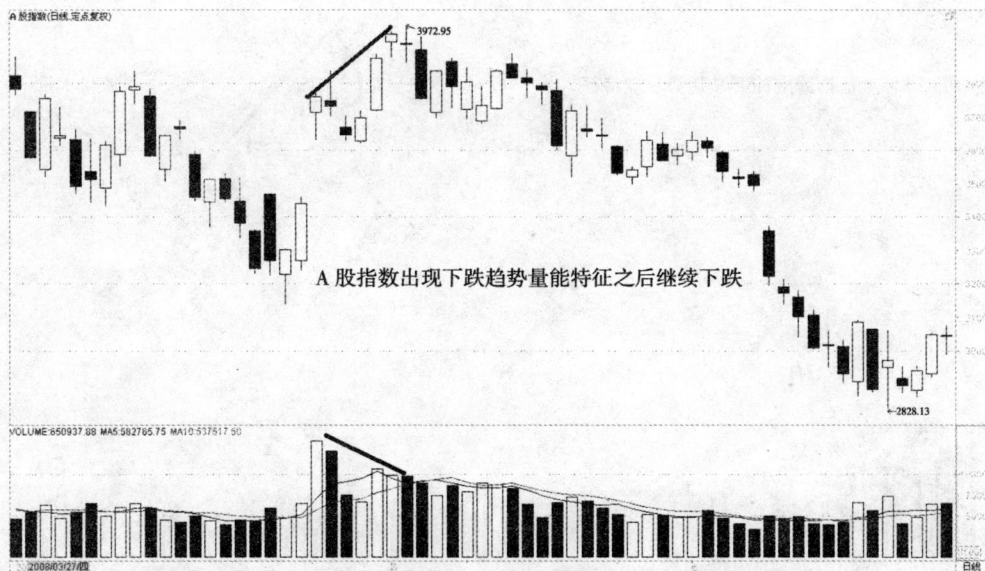

图 7-4　A 股指数出现下跌趋势量能特征之后继续下跌

A 股指数具有更广泛的样本代表意义，但是上证指数对市场的影响力更大，毕竟不少国际投资机构，以及国内基金都是以上证指数为跟踪目标的。我们来看在上证指数走势中如何识别继续下跌趋势特征，如图 7-5 所示。上证指数从 6124.04 点高位下跌，此后反弹，但是低于 6124.04 点的高位，这表明多头力量更弱了。跌到 4800 点附近形成中级反弹，但是我们观察到最近股指虽然往上走，但是走势很艰难，因为都是小 K 线，相应的成交量也在往下走，这就是我们反复强调的下跌趋势量能特征。因为上证指数出现了这些特征，所以股指转而恢复下跌走势的可能性非常大。

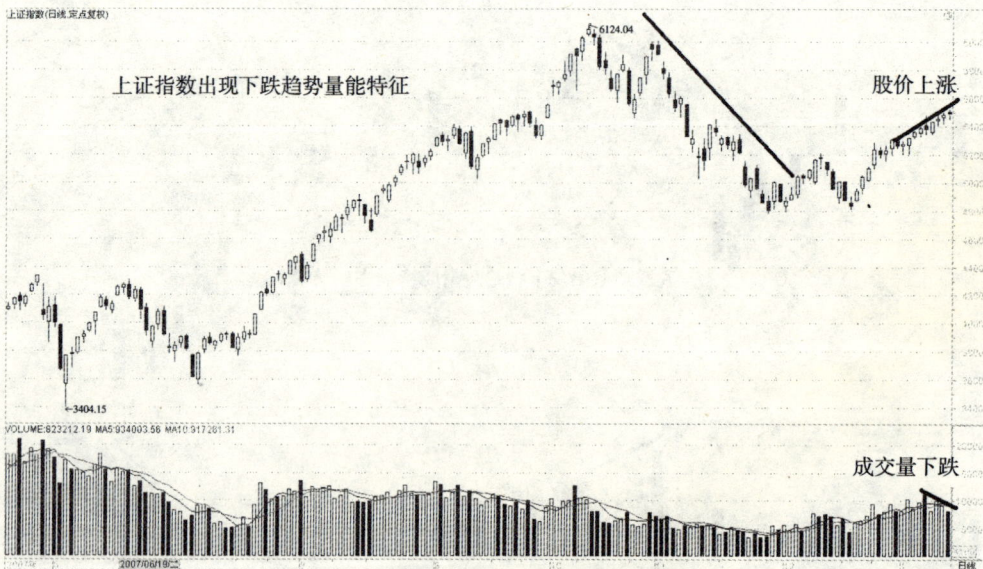

图 7-5　上证指数出现下跌趋势量能特征

　　上证指数出现了下跌趋势量能特征之后，股价快速下跌，很快跌破前期低点，如图 7-6 所示。下跌持续到 4200 点和 3271.29 点有两次明显的反弹。上证指数从高点的这次下跌吸引了不少散户的注意，因为他们一直在等待解套或者是进场的机会。每当股指下跌 500 点，稍有反弹就会被认作是反转，结果越套越深，被套的资金越来越多。如果这些股民能够熟练掌握本课的内容，则至少会避开至少一半的反弹陷阱。对于股民来讲，如何识别起涨点恐怕还没有如何识别反弹结束点重要。

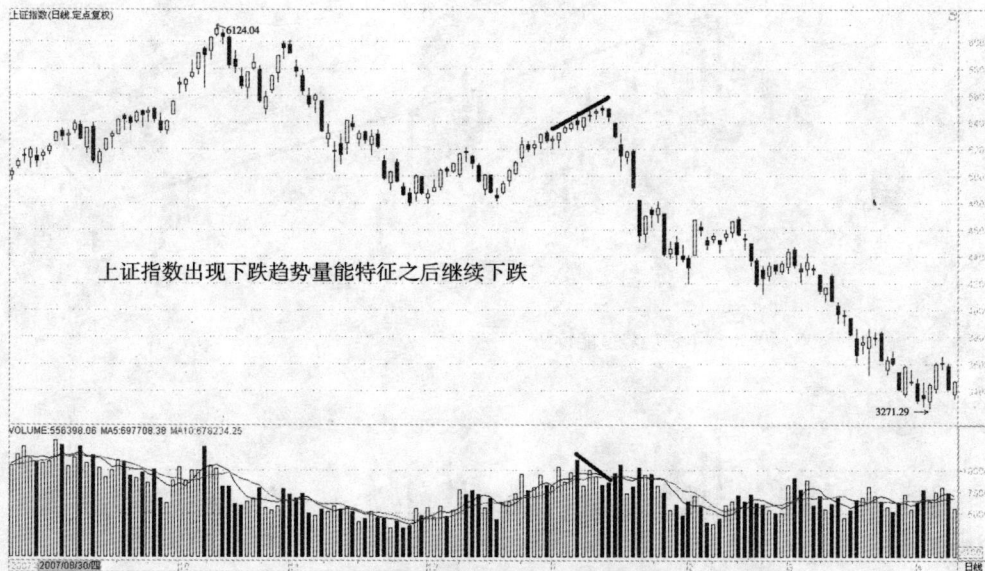

图 7-6　上证指数出现下跌趋势量能特征之后继续下跌

推出股指期货之后，沪深 300 指数的重要性大大提升了，因为上证指数对于期指交易者而言是并不很贴切的观察基准。我们如何识别沪深 300 指数的下跌趋势量能特征，主要针对反弹结束确认如何展开。如图 7-7 所示，沪深 300 指数震荡下跌，每次反弹都让被套股民燃起一丝新的希望。但是，每次反弹都以回落结束，每次反弹结束点都有"看跌吞没"出现，这个是在《经典 K 线一周通》一书中反复强调的重要形态。股指跌到 3100 点后出现横向整理，整理低点越来越高，似乎向上趋势确立，但同时反弹高点却参差不齐，后续高点有些比前期高点还低，这更像是一个不规则整理，而不是上涨。不过，最近几个交易日股价却走出了显著的上升走势，这是反弹还是反转呢？注意一个关键细节特征，指数向上涨，但是相应的成交量却是萎缩，这就是持续下跌量能特征。我们认为这是一次反弹，而不是反转，股指恢复下跌走势的可能性非常大。很多时候股指都会在大幅下跌后作出反转的态势，而这往往是陷阱，当大众都认为反转要发生的时候，反转往往是反弹。除了基于市场情绪利用逆向思维区别反转和反弹之外，重点还是运用本小节介绍的量能分析方法，当然 K 线分析法也是必不可少的，至少后者一般运用于局部。

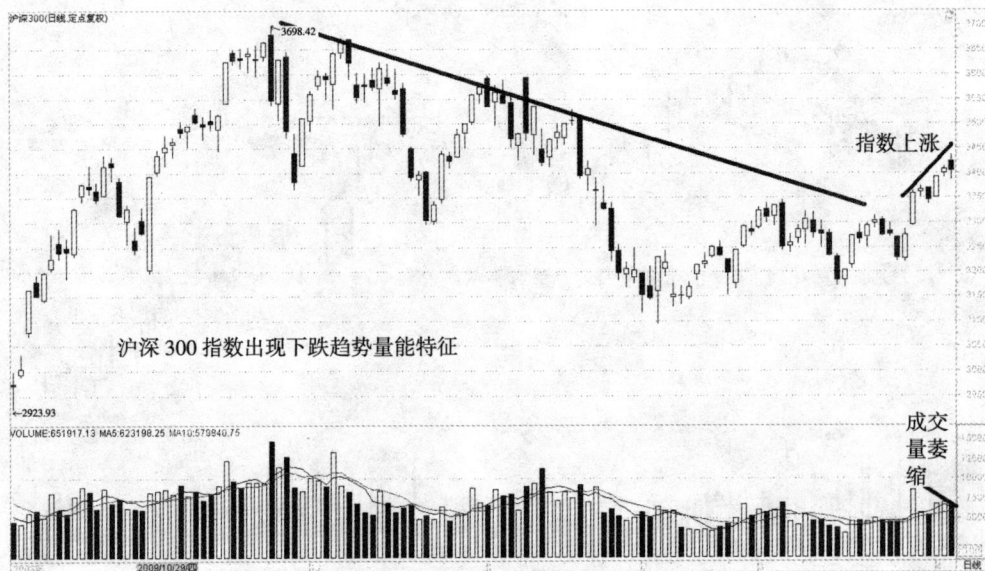

图 7-7　沪深 300 指数出现下跌趋势量能特征

沪深 300 指数出现了下跌趋势量能特征之后，股指恢复下行趋势，长阴线
跌破前期低点，如图 7-8 所示。此后股价逐步下跌，基本上没有像样的反弹。
股指一直跌到了 2647.6 点。这时候出现了"看涨吞没"，股指快速脱离低点，形
成沟壑整理，也就是 V 字反转的一种特殊形式，V 字两侧有持续的横盘整理。

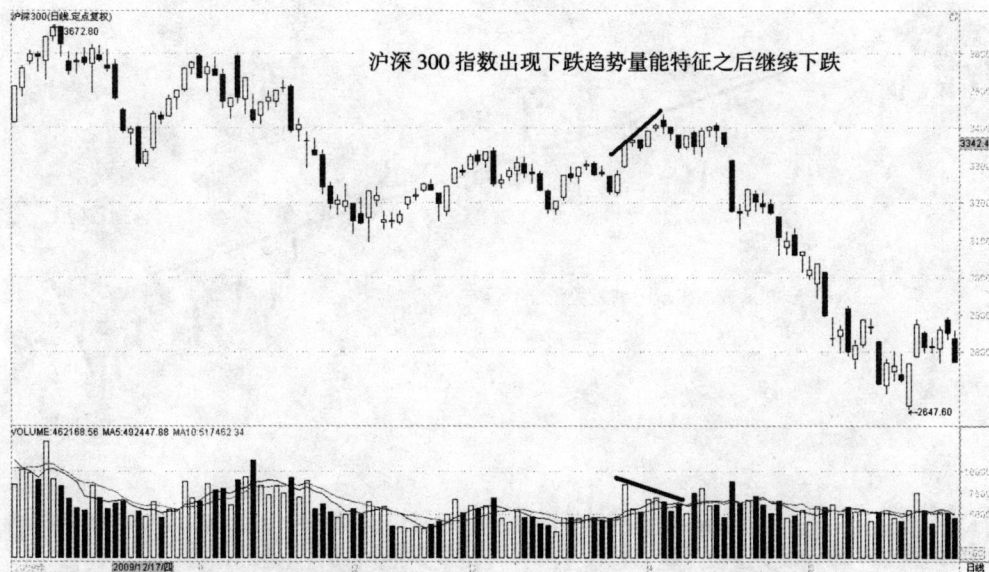

图 7-8　沪深 300 出现下跌趋势量能特征之后继续下跌

沪深股市一向是沪市强势，深市弱势，主要是沪市的大盘股较多。随着 A 股市场的持续发展，沪深两市的走势不再严密同步，有时候也会出现分化行情，特别是中小企业板占优势的时候。深证成分指数是比较重要的深市指数，我们最后介绍一下这一指数下跌趋势量能特征的确认，方法还是一样的。如图 7-9 所示，深证成分指数从高位下跌，中间有一波较大的反弹，反弹高点出现了小星体，阴线吃掉了阳线，然后大阴线出现，空头重新掌握局面。此后，股指继续震荡下挫，这时候出现天量阳线，快速将股指拉起，现在股指是向上走了，但是成交量却往下走，如果是个股的话我们可能认为是主力控盘程度高的缘故，后市会上涨，但是指数这样的话，表明后续乏力，恢复下跌走势的可能性很大。

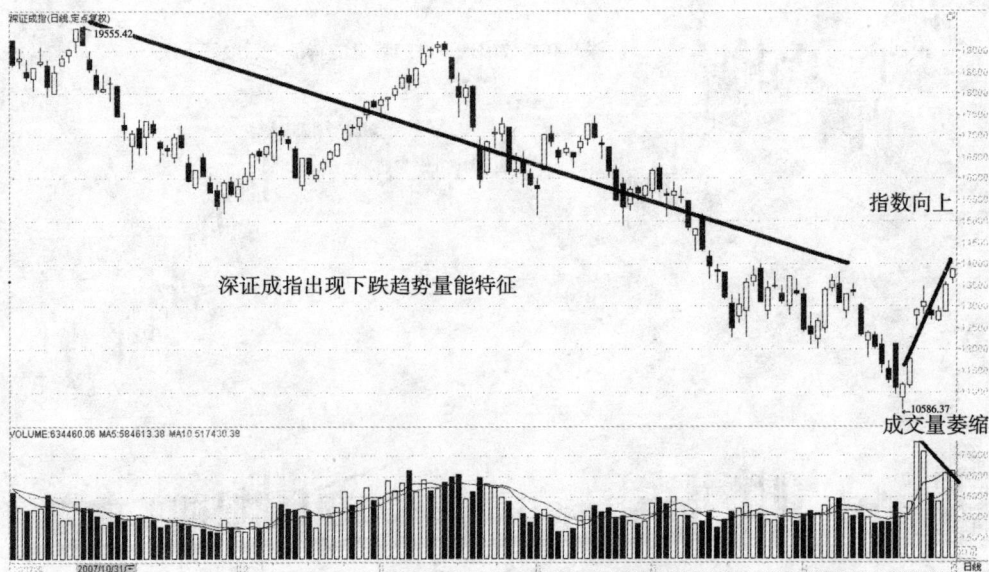

图 7-9　深证成指出现下跌趋势量能特征

深证成指出现下跌趋势量能特征之后，股指快速下跌，如图 7-10 所示。在跌破前期低点之前出现了跳空缺口，而到真正跌破该低点的时候成交量却处于较低的状态。此后，成交量开始逐步放大。跌破低位的时候成交量缩小，表明很多买家不愿卖出亏损头寸，愿意继续持仓，如果这时候买家增加一些则后市上涨的可能性就很大了。但是，在这个关键位置并没有出现什么买盘进场，可以从下跌跌破支撑价位之后并没有紧接着拉出放量阳线得出这个结论，当然也可以查看分时盘口成交明细。虽然在关键价位，卖家没有进一步增加，买家没有相应增加，所以股指仍旧下跌，只不过是缩量下跌而已。这里补充一下关键价位 K 线和成交量表现的意义，这对于短线股民进场和出场帮助很大。当股指或者股价上涨到一个关键价位，一般而言定义为阻力价位，这时候如果 K 线为看跌形态，同时成交量出现阶段性最高点，那么股指（股价）倾向于转而下跌，而不是继续上攻。因为翻转形态表明股价出现了下跌苗头，这时候成交量放出阶段性大量，这表明即使耗尽所有量能也没能在价格行为表现上满意。如果股指或者股价上涨到一个关键阻力位置，这时候如果 K 线以实体阳线的形式突破，则成交量的研判价值较小，因为：如果是主力高度控盘股，则成交量以缩量甚至无量为妙；如果是大盘股，则成交量以温和放大为妙。如果股指或者股价下跌到一个关键价位，一般而言定义为支撑价位，这时候如果出现 K 线为看涨形

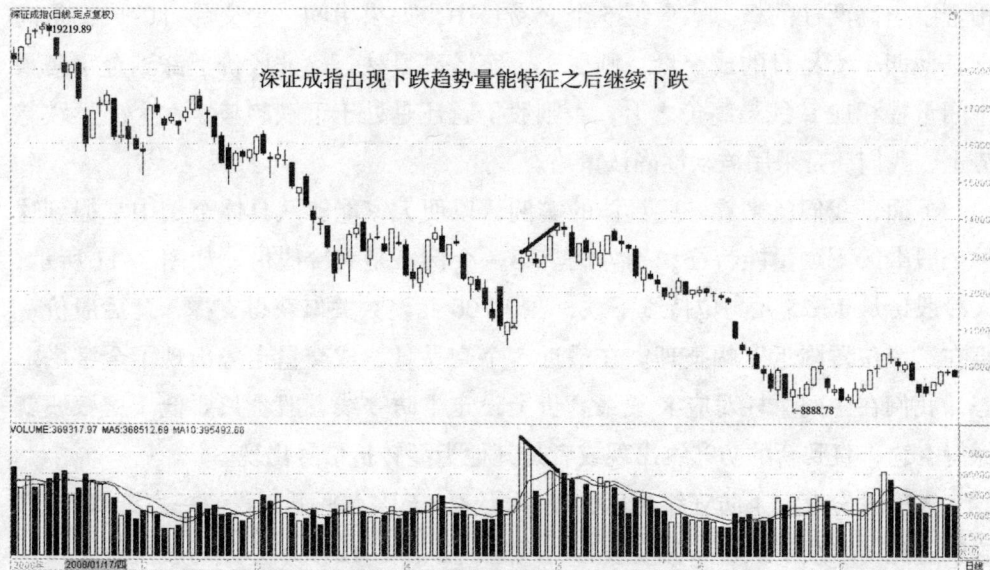

图 7-10 深证成指出现下跌趋势量能特征之后继续下跌

态，同时成交量出现阶段性低点，甚至是地量，则表明交投意愿下降，继续持股意愿增强，个股处于这种状态最容易吸引主力的介入，后市上涨的可能性很大。如果股指和股价下跌到一个关键价位，这时候出现 K 线以实体阴线的形式跌破，成交量呈现正常萎缩，没有过度放量，或者是正常成交量，这表明下跌会继续下去。如果在关键支撑价位，成交量过大，则表明进场买入的盘子也很多，这种情况下后市走势不一定下跌，上涨的概率反而很大。

第二节　个股下跌趋势量能特征

大盘下跌带来了系统性风险，大盘的走势会影响个股的走势，所以我们一般先断大势，再看个股量能特征。个股下跌走势中出现了回升，股价是继续下跌，还是转而上涨呢？这对于绝大多数股民而言都是不好判断的问题，因为转折点往往与修正点有基本相同的特征出现，所以将转折看成是修正，将修正看成是转折对于绝大多数股民基本不可避免。我们如何判断个股在下跌走势后的回升是上涨的初级阶段，还是继续下跌之前的修正阶段呢？这时候我们需要运用金字塔高两柱的概念。最近 5 个交易日中，如果中间一个交易日的成交量高于其他四个交易日的成交量，则属于金字塔高量柱。除非股价上涨到金字塔最中间量柱相应 K 线最高价之上，否则股价就还是处于下跌趋势。在个股下跌趋势上，我们还是采用被动性确认策略。

下面，我们就来看一些具体的实例，以便大家能够从具体个例中掌握到这种个股继续下跌量能特征识别方法。第一个例子是大冷股份。如图 7-11 所示，大冷股份从 13.25 元高位持续下跌，在 10.00 元整数关口获得支撑，此后股价一直在这个位置附近宽幅整理。在最近 5 个交易日，成交量走势出现了金字塔形态，我们在中间量柱对应 K 线最高价上设定了防守线，股价只要低于这根线就保持空仓，直到新的防守线出现或者是其他类型转折信号出现。

大冷股份设定了防守线之后，股价持续处于该水平下，我们一直维持空仓，这就避免了继续下跌带来深度被套的风险，如图 7-12 所示。此后股价快速跌破前期整理区间下沿，窄幅整理后股价大幅下挫，可以看到跌势快要结束的前夕出现了显著放量，这时候的放量属于最后的恐慌，也表明承接的力量很大。大家一定不能忘记了，成交量大是由于买卖双方共同赞成的，光有买家和光有卖家都不可能产生成交量。

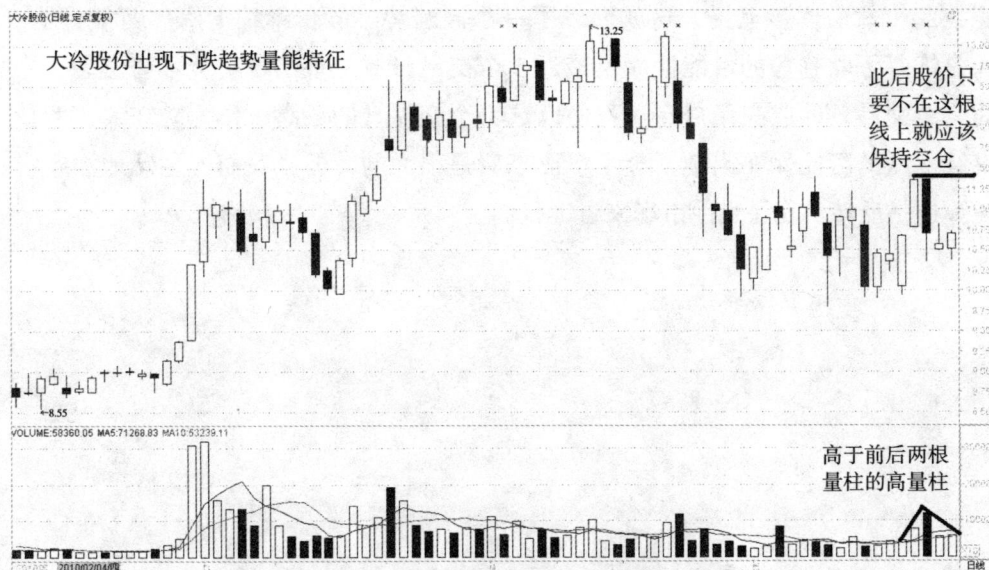

图 7-11 大冷股份出现下跌趋势量能特征

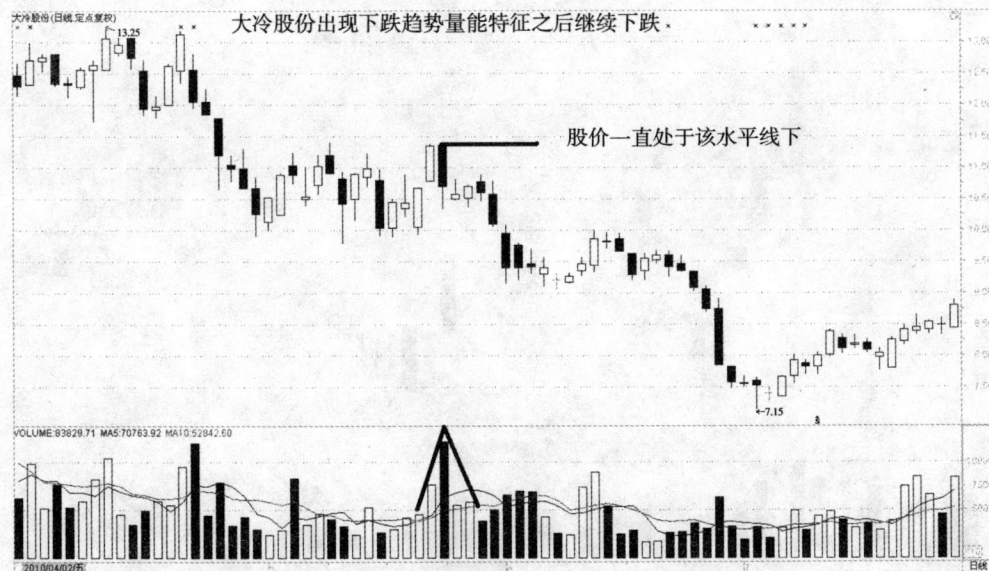

图 7-12 大冷股份出现下跌趋势量能特征之后继续下跌

再来看力合股份，股价从 15.31 元的高位逐步下跌，中间有一次水平三角形整理，如图 7-13 所示。这个整理形态将下跌分为两个阶段，第一阶段的幅度基本上等于第二阶段的幅度，这是我们前面提到过的大多数现象，可以帮助短线股民估计短线下跌幅度。股价跌到了 11.38 元前后出现了准地量，股价从低点快速拉起，然后逐步上扬，这就形成了一小波涨势。股价继续上涨的可能性大，还是恢复下跌趋势的可能性大？最近 5 个交易日成交量出现了金字塔形态，中间一个交易日的成交量最高。我们以这一个交易日的最高价作为防守线，股价继续下跌的可能性在出现了金字塔形态后是很大的，但是我们不主观地去断定反弹还是反转，而是交由市场来告诉我们。

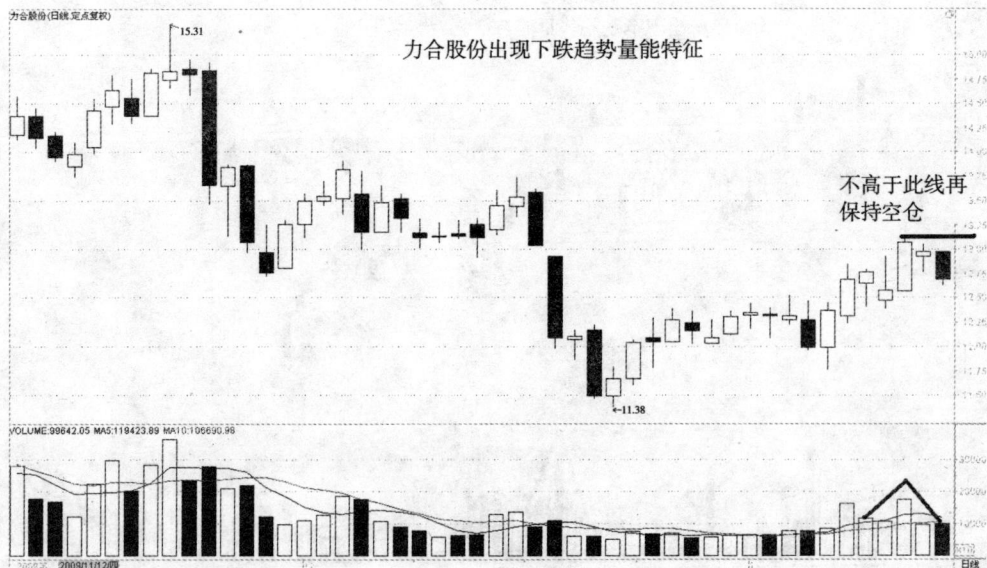

图 7-13　力合股份出现下跌趋势量能特征

　　力合股份出现了下跌趋势量能特征后，我们做出防守线，此后股价一路下跌，并没有上到防守线之上，如图 7-14 所示。股价一直维持下跌走势，毫不犹豫地跌破了此前的低点。下跌过程中成交量逐步缩小，这表明股价下跌动量在减弱，当成交量缩小到最低又开始放出阳量的话，上涨就开始了。不过此后又出现了我们定义的金字塔量，而股价又再度运行在新的防守线下，当然我们只能继续维持空仓了。

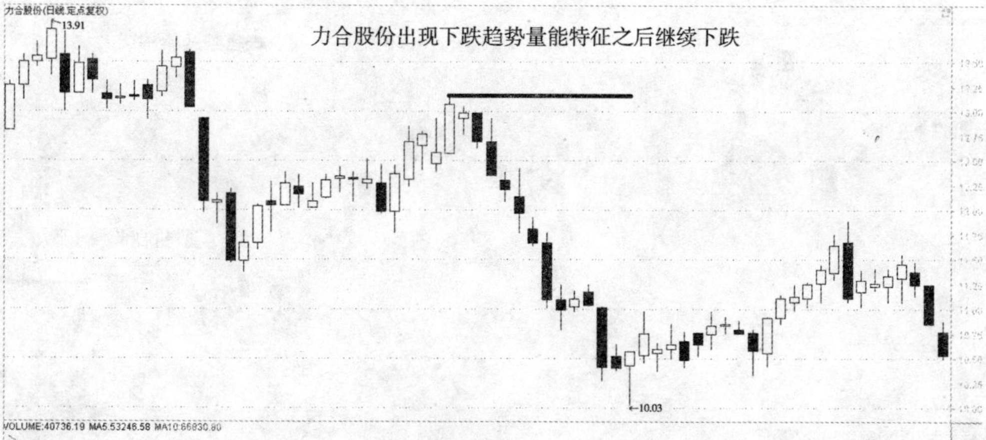

图 7-14　力合股份出现下跌趋势量能特征之后继续下跌

　　第三个例子是佛山照明，佛山照明从 12.51 元的高位下跌，这个顶部是典型的 "空放炮" 形态，如图 7-15 所示。什么是空放炮？就是两根阴线夹着一根阳线，阴线不能是小阴线，至少是中阴线。空放炮出现之后，股价快速下跌，在 9.00 元之上形成了早晨之星。然后，股价逐步回升，回升到了 11.00 元之下出现了乌云盖顶形态，这是一个看跌形态（不明白的读者可以参考《经典 K 线一周通》），股价继续恢复到下跌走势中。然后股价就在 10.5 元上下震荡形成了一个三角形，三角形完成后，股价继续下跌。股价跌到 6.44 元止跌回升，我们现在面临一个问题：股价是继续上涨，还是转而恢复下跌呢？最近 5 个交易日形成了金字塔量形态，这个形态出现本身就有一些下跌意味，但是我们还是让市场走势来告诉我们如何操作。在金字塔最高价上设定防守线，只要股价在这根线下，趋势就继续向下，我们就继续维持空仓，直到新的防守线出现或者是新的信号产生。

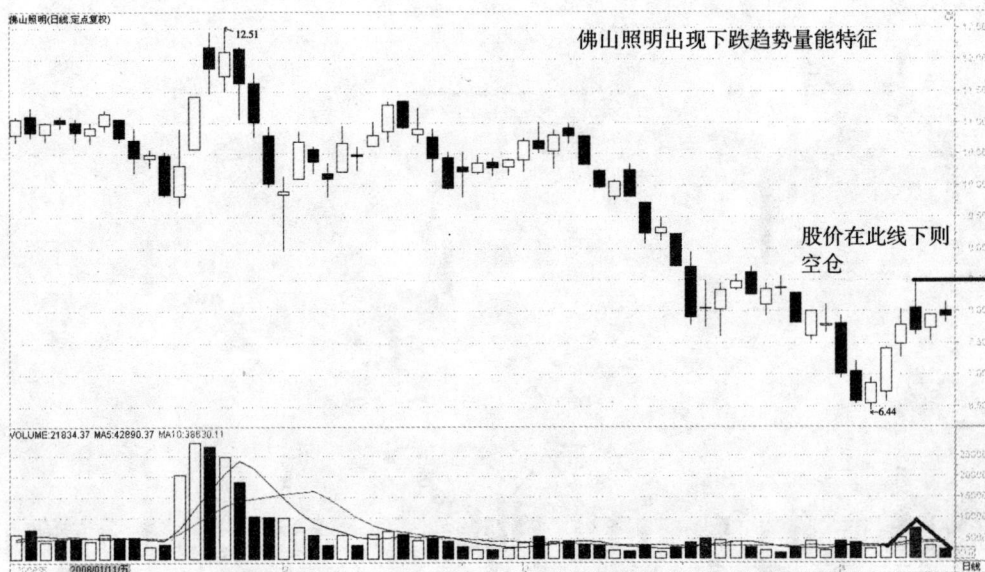

图 7-15　佛山照明出现下跌趋势量能特征

　　佛山照明出现了下跌趋势量能特征之后，我们设定防守线，股价此后一直维持在此防守线之下，如图 7-16 所示。所以，我们继续维持空仓，大家可以看看此后下跌趋势中的反弹走势如何设定防守线？这个问题就留待大家自己下来动脑思考了。

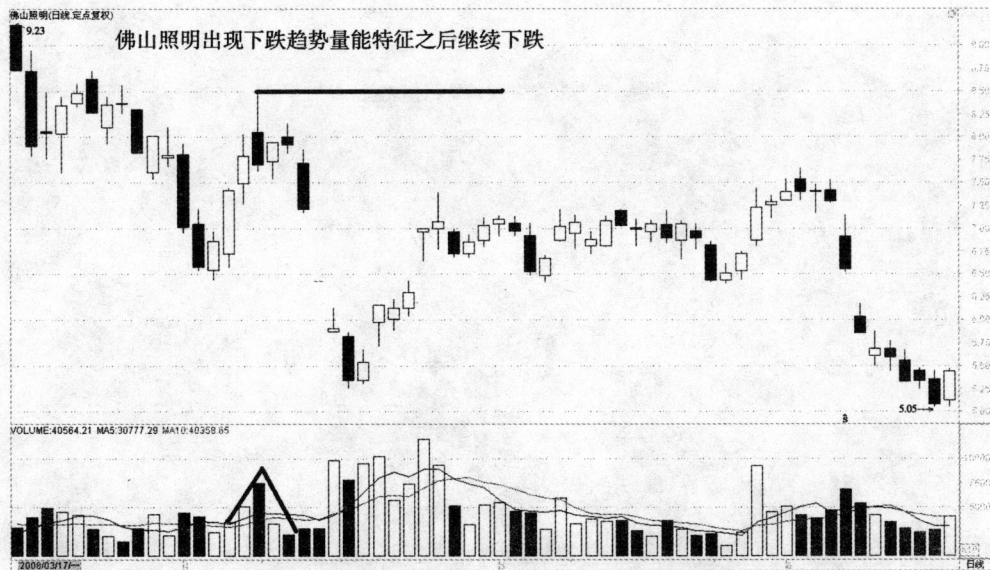

图 7-16　佛山照明出现下跌趋势量能特征之后继续下跌

　　我们不能用走势运行的时间来断定趋势，因为修正走势耗时往往比主流走势更多，我们举一个例子来说明这个问题和下跌趋势量能特征，如图 7-17 所示。皖能电力从 24.5 元价位快速下跌，可以看到这个位置出现了天量，"天量见天价"在这里确实不假。股价跌到 12.36 元后开始缓慢爬升，看看这段走势的 K 线明显比此前下跌走势的 K 线小。这段回升走势比相同幅度的下跌走势花了更多的时间，最近 5 个交易日形成了金字塔量，于是我们设定防守线，让股价自己来告诉我们行情接下来会怎么走。

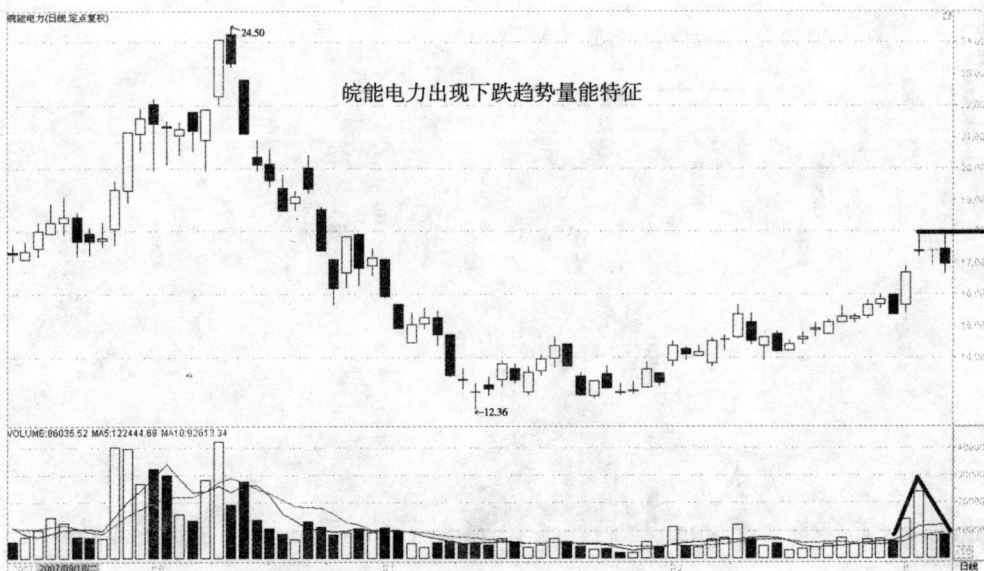

图 7-17　皖能电力出现下跌趋势量能特征

　　皖能电力出现下跌趋势量能特征之后，我们设定防守线，如图 7-18 所示。此后，股价先是在此防守线下运行几日，突然一日盘中上冲突破此防守线，这时候可能会有其他信号告诉应该卖出，你可以卖出。但是，收盘在此线下，你应该在次日卖出，因为信号告诉你现在又该空仓了。股价此后快速吃掉此前几十个交易日造就的涨幅，在前期低点附近稍作反弹，继续下跌，大家可以将此后的防守线画出来。这种方法的好处就是可以让市场告诉你接下来该怎么操作，而不是主观武断。

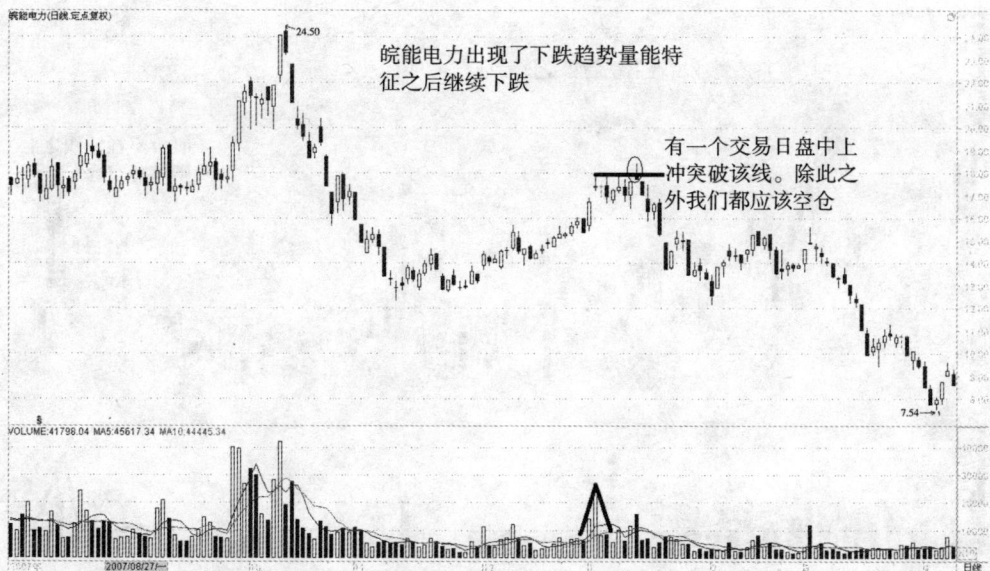

图 7-18　皖能电力出现下跌趋势量能特征之后继续下跌

下跌趋势量能特征识别和防守线设定比较简单，我们再给最后一个例子，如图 7-19 所示。莱茵置业之前震荡下跌，虽然局部来看股价下跌不明显，但是整体来看股价下跌幅度还是很大的，这就是主力惯用的伎俩，与阴跌有异曲同工之妙。股价在 7.00 元整数关口获得支撑，展开长时间的震荡，形成宽三重底后开始一波上涨。现在的问题是这波上涨是反弹还是反转呢？最近 5 个交易日的成交量出现了金字塔量，于是我们在最高量上设定了防守线，等待市场来告诉我们应该如何操作。

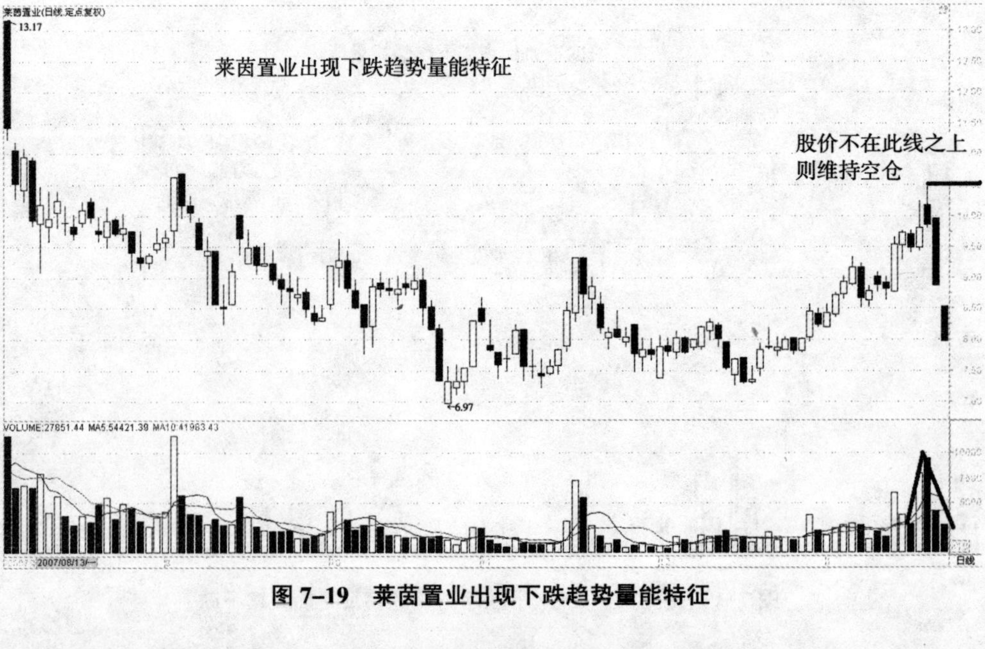

莱茵置业出现下跌趋势量能特征

股价不在此线之上
则维持空仓

图 7-19 莱茵置业出现下跌趋势量能特征

　　莱茵置业出现下跌趋势量能特征之后，我们设定防守线，股价此后快速回落，并没有在此线之上，如图 7-20 所示。莱茵置业此后股价下跌，处于震荡下跌，这种"温水煮青蛙"式的下跌，使得散户不能够及时从下跌趋势中撤出来，止损往往变成纸上谈兵。当股价真正下跌了很大幅度之后，止损也变得不太现实了。所以，采取我们的防守线策略能够很好地改变股民被动挨打的局面。

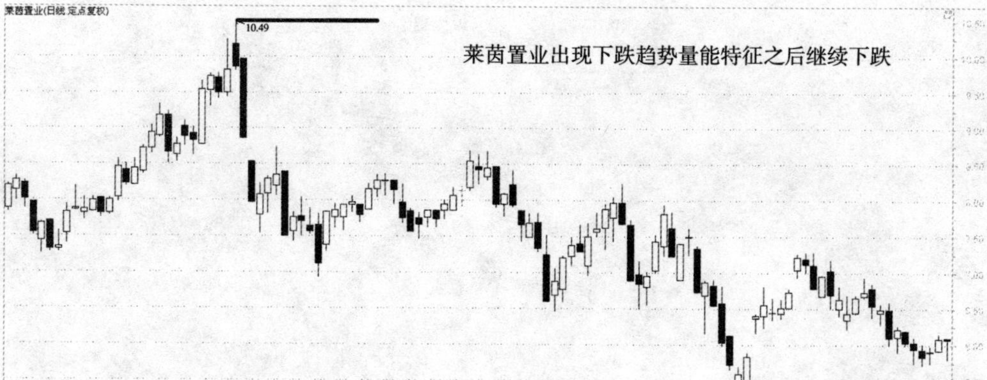

图 7-20　莱茵置业出现下跌趋势量能特征之后继续下跌